KB067459

선유도 단상

선유두 단상

2021년 11월 23일 처음 펴냄

지은이 | 김영호
펴낸곳 | 도서출판 동연
펴낸이 | 김영호
편 집 | 김구 박연숙 정인영 김율 디자인 | 황경실
등 록 | 제1-1383호(1992. 6. 12)
주 소 | 서울시 마포구 월드컵로 163-3
전 화 | (02)335-2630
전 송 | (02)335-2640
이메일 | yh4321@gmail.com
블로그 | https://blog.naver.com/dong-yeon-press

ISBN 978-89-6447-737-3 03040

선유도 단상

김영호 지음

동연

추 천 의 글

책은 또 하나의 나를 낳는 힘든 고통의 과정입니다. 회갑回甲에 쉼표를 찍으며 이 책을 쓴 김영호 회장에게 진심으로 축하의 말씀을 드립니다.

글은 누구나 쓸 수 있지만 누구나 책을 낼 수 있는 것은 아닙니다.

"책은 도끼이다"(Franz Kafka, 1883-1924)라는 말이 있습니다. 사람이면 누구나 갖고 있는 고정관념과 편협한 생각들을 깨야 합니다. 그렇지 않으면 새로운 창조적 발상과 뜨거운 열정이 솟아나지 않습니다.

나는 이미 나로서의 자기를 알고 있지만 아직 모르는 내가 아닌 내가 많습니다. 내가 완전한 존재가 된 것은 아닙니다.

오호라 나는 곤고한 사람이로다

이 사망의 몸에서 누가 나를 건져내랴(롬 7:24)

책은 그 온전한 자기인 참 나를 찾기 위한 구도求道요, 수행인 것입니다.

이 책에는 시대를 살아가는 깨어있는 지식인으로서 침묵할 수 없는 깊은 고뇌와 사색이 담겨 있습니다.

책 한 권으로 세상을 변화시키지 못한다고 할지라도 한 사람 생각의 지평은 바꿀 수 있습니다.

이 책은 하나의 정답을 제시하고 그것을 강요하지 않습니다. '이렇게 생각할 수도 있다'라는 생각의 차원을 높이고, 궁극적으로 자신만의 생각을 가지라고 합니다.

책을 '읽는' 것도 책을 '쓰는' 과정의 연속입니다.

바라기는 어느 날 이 책 때문에 나도 내 책을 쓰는 기적이 누구에게나 일어났으면 합니다.

전 한신대학교 총장
연규홍

추천의 글

선유도에 꽃이 필 때 그리고 저물 때도

선유도仙遊島에 다중 정체를 가진 한 지성이 거닌다. 선유도는 책에 소개되다시피 "신선神仙이 유유자적悠悠自適"하는 섬이라는 뜻을 가졌다. 나아가 '선유'는 임금의 유람을 가리키기도, 사람의 죽음을 높여 부르는 말이기도 하다. 신선이 노니는 곳이니 이른바 '선경仙境'을 의미하기도 한다. 이렇게 '선유'를 살피니 거기에는 임금도 죽음도 신선도 모두 있다. 하나는 세속 세계의 으뜸을, 다른 하나는 인간 존재의 운명을, 마지막 하나는 생과 사를 넘어선 존재다. 이 셋이 서로 얽히며, 모두 '놂'으로 묶인다. 놂, 곧 미美가 그 묶임의 바탕이다.

고대어를 살피면 동과 서 모두 아름다움은 실용과 떨어지지 않았다. 또 도덕 혹은 윤리도 한 데 어울렸다. 가령 히브리어 '토브'(טוב)는 도덕적인 선과 미학적인 아름다움을 모두 뜻했다. 하여 그리스어로 그것을 옮길 때 같은 단어를 두고 선함을 뜻하는 아가소스(ἀγαθός)로도, 아름다움을 뜻하는 칼로스(καλός)로도 옮길 수 있다. 둘 중 무엇이 앞설까? 창세기에서 신이 세상을 만들고 자신의 작품에 감탄하여 그것을 향해 '토브'라고 외쳤다. 기원전 3세기 중엽 히브리어를 잊어가는 유대인을 위해 당시 국제어인 그리스어로 구약성경을 옮길 때, 번역자들은 '토브'를 두고 고심했을 것이다. 그러나 그들은 창조를 향한 감탄이라면 아가소스보다는 칼로스가 먼저일 것이라 여겼다. 그렇게 세상에는 선보다 미가 먼저였다. 저자의 이 책 『선유도 단상』을 한마디로 하라면 선보다 먼저 있던 미, 특별히 동양적 미가 여울로 드러난 것이라 하겠다.

저자의 글을 하나하나 읽어보면 거기에는 몇 가지 핵심 이미지가 흐른다는 것을 알 수 있다. 먼저 자연이다. 그가 파악한 자연은 무리하지 않는다. 보채거나 서두르지 않고 가만히 가만히 들을 귀 있는 사람의 귀를 열어

준다. 자연은 관조의 대상으로, 경탄을 불러일으키는 것이다. 그래서 우리에게 무엇인가를 넌지시 일러준다. 이것은 저자가 자연을 벗 삼는 넉넉한 일상인으로서의 정체성이 드러나는 글들에 녹아있다. 이 일상인은 자연을 더불어, 아니 자연속에서만 들리는 미세한 신적인 음성을 공들여 청취하고, 그 들은 바를 차근차근 우리에게 들려준다.

학교, 더 정확히 말하면 배우고 가르치고 연구하는 일은 저자가 곱씹는 영역이다. 그는 대학에서 배우고 가르치고 연구하는 학자이며 교수이기도 하다. 그는 자연과 노니는 일상인이자 학자/교수로서, 내가 보기에, 학문에서도 동양 전통에 놓여있다. 이 글에 나타난 배우고 익히는 것에 대한 지대한 관심은 논어 1장의 '자왈子曰'을 제외하고는 첫 단어 '학學'을 떠오르게 한다. 학교의 문제점뿐만 아니라 교육 전체의 방향과 본질, 대학의 운영에 관한 유익한 통찰이 있다. 나아가 배운다는 것, 가르친다는 것에 관한 사색도 있다.

한 회사를 경영하는 경제인으로서 그는 사회 현상을

날카롭게, 그러나 여유와 해학을 곁들어 분석하고 대안을 제시한다. 어투가 과격하거나 높은 어조가 아니다. 그는 사람을 불러다 놓고 "네 죄를 네가 알렸다!"로 호통치지 않는다. 하수下手나 그렇게 하는 것이다. 대신 그는 말하기보다는 보여준다. 가령 "자신을 밟고 전진하라"는 말을 제대로 구현한, 선유도를 가로지르는 양화대교에 있는 포은 정몽주의 글과 쿠데타 세력에 맞선 김오랑 소령의 이야기를 누군가의 허튼 소리와 비교해 준다. 저자의 글에는 늘 속물주의적 자세를 경계하는 성찰이 있다. 돈과 명예와 권력에 관한 탐욕을 해부하면서, 그곳에 거리를 둔다. 그러면서 이렇게 쓴다. "'내가 이 땅 위에 왜 존재했는지' 이유에 대해 창밖에 내리는 눈과 대화를 할 필요"가 있다고. 경영인의 현실감각과 선비의 기개 혹은 신선의 초월이 어우러지는 것이, 참 절묘하다.

이 책은 쭉 읽어나가기보다는 어릴 적 곶감 빼먹듯 그렇게 시간을 두고 읽기를 권유한다. 한 꼭지 읽고 그날을 살며 내 삶을 공글려보자. 단맛이 난다. 하루하루

챙겨 먹는 홍삼마냥 살살 씹어보면 적당한 쓴맛이 힘을 내게 한다.

어느덧 선유도를 주유周遊하는 저자의 뒷모습에 정감을 느낀다. 꽃이 만발할 때도 또 하릴없이 저물 때도 선유도에는 노을과 더불어 바람이 노닌다.

김학철 교수
(연세대학교)

여는 글

코로나로 많은 것을 잃고 시름에 젖는 세상이 올 때 환갑을 맞이했다. 최근 코로나 세상에서 일상日常의 일들이 속을 많이 타들어 가게 하지만, 집에서 사무실까지 출근길 걷는 양화대교와 선유도에서 보이는 하늘은 왜 이렇게도 맑은지, 맑은 하늘을 통해 그나마 위로를 받는다. 항상 미세먼지와 황사가 가득하면 걷는 것을 포기하고 차로 출근하였는데 매일 하늘의 모습을 쳐다보고 강물의 소리를 들으면서 나름 얻는 위로가 쏠쏠하다.

코로나 시절 양화대교에서 선유도로 거의 2년 동안 머리에 떠오르는 것들을 자문자답自問自答하면서 글쓰기 연습을 하게 되었다. 비록 정제되지 않고 숙성된 생각도 아니지만, 하루의 짧은 생각을 떠올리고 글쓰기를 하면서 주변의 가까운 지인知人들과 비대면 대화를 하게 되었다. 이것이 오늘 『선유도 단상』이라는 책으로 만들어지게 되었다. 부족한 부분은 필부匹夫의 한계로 치부하고 싶다. 그냥 딱 그 수준이기 때문이다. 단지 책으로 엮는 것은 가감 없는 내 생각의 기록이라는 의미이며, 내 나이의 사유思惟이기에 특별히 의미를 부여하고 싶지는 않다.

지금부터 한 10년 전인 것 같다. '나이를 먹는다는 것은 무엇일까'라는 고민이 들기 시작했다. 사실 누구든 그냥 무료로 먹는 것이고 그 나이라는 음식이 별로 어색한 것도 아닌데 갑자기 벅찬 음식으로 보이기 시작했다. 공기의 소중함을 모르고 보내듯 기억도 별로 없는 과거이기에 그냥 막연히 어린 시절 태어난 고향 수색동의 초등학교 주변과 대학 시절 신촌의 막걸리와 함께 세상이 어쩌고 하던 시절, 또는 직장에서 늦게까지 일하던 사회 초년생 시절, 특히 88올림픽 경기도 못 보고 수출 문제로 서류를 챙기면서 문제를 해결하느라 일이 늦게 끝났는데, 하필 엘리베이터 운행이 중단되어서 24

층에서 어두컴컴한 비상계단을 걸어 내려왔던 게 유독 기억난다. 이런 나이를 통한 과거 인생은 누구나 겪는 일이며 유난히 나 혼자의 특별한 경우도 아닐 듯싶다. 결혼, 자식, 가족의 건강과 행복을 위해 돈 버는 게 삶의 전부가 아니듯, 한순간 나이라는 매일 먹던 음식이 새롭게 보이기 시작했다.

실상 글쓰기는 불교적 수행으로 8정도八正道가 있는데, 그 실천의 방법으로 '바르게 보기'(正見)와 '바르게 말하기'(正言)는 자신의 내면을 들여다보는 중요한 실천 덕목이고, 현재의 거칠어지는 사회, 자극적이며 충동적이며 교묘한 감언이설에 대한 신의 영역에 근접할 수 있는 훈련이기도 하기 때문이다.

서구 철학에서 숫자 3은 약간 불완전한 숫자로 여겨진다. 삼차원의 세계, 시공간을 초월할 수 없는 세계라서 그렇다고 한다. 완벽한 숫자는 4라고 하는데, 4차원의 세계, 시공을 초월한 영역을 의미해서인 듯하다. 보통 우리 인생이 3막이라고 하는데, 인생 이후의 지평 너머 4막幕의 평온함, 영원한 완전성完全性에 들어가기까지 글쓰기를 계속하길 바라는 마음은 이것 자체가 내 개인적 영성 훈련이기도 하기 때문이다.

집과 사무실 사이에 놓인 양화대교 옆의 선유도仙遊島는 말 그대로 신선이 유유자적하는 곳으로 나에게는 신성한 곳이다. 이곳에서의 사색은 싯다르타가 뱃사공이 되어 세속의 강물 소리를 들으며 득도得道하는 경지에 이르지는 못하지만 최소한 '바르게 생각하기'(正思惟)의 일환이다.

개인적 사유가 어찌 완벽할 수 있을까 부끄럽지만 유일한 변명은 필부匹夫의 생각이라고 변명하니 너그러이 봐주시길 바란다.

내 사랑하는 큰딸 지수와 둘째 딸 지윤도 생각나는 밤이다.

2021. 10.
선유도 집무실에서
우촌(愚村)

차 례

2부

르네상스적 탐욕

3부

군주민수(君舟民水)

1부

벚꽃과 별

군 · 학(軍 · 學) 대학

말도 많고 탈도 많았던 도쿄올림픽이 끝났다. 유난히 눈에 띄는 선수 중 한 명이 우상혁 일병이다. 육상 불모지에서 높이뛰기 세계 4위, "이제 시작이다", "Let's go"를 외치는 당당함은 왠지 다른 인기 종목의 선수와 다른 큰 울림으로 다가온다.

어느 기자가 "등수에 들지 않아 조기 전역이 안 돼 아쉽지 않냐?"라는 질문을 했다. 높은 연봉을 받는 프로축구 선수나 프로야구 선수가 '군대 면제'를 위해 메달을 따는 것이라는 인식, 가수 유승준의 병역 도피성 미국 귀화 등, 군 복무에 대한 불편한 인식을 가지고 물은 듯하다.

그러나 우 일병의 대답은 완전 반전反轉이었다. "오늘 이런 기록은 제가 군대에 갔기 때문"이라는 누구도 예상 못 한 당찬 말을 했다. 지금 복무 중인 대한민국 군인 모두가 이런 말을 할 수 있을까? 아마 일반 대부분의 병사兵士들은 군복무로 인해 오히려 자기 개발의 단절斷切을 걱정하는 것이 더 클 것으로 보이기 때문이다.

우 일병의 소신 발언을 생각하면서 군대 병영에서 자기 계발을 동시에 할 수 있는 군 조직의 개선이 필요하다는 생각이 든다. 소위 일반 대학에서 '이중 전공'이 일반화되어 있듯이 군 복무와 더불어 귀한 2년을 그들의 인생을 잘 설계할 수 있도록 군대 내 학사學士 자격 시스템(大學)을 갖추어 싸우며 공부하는 장병을 키우는 것을 제안해 본다.

한 해 예산 50조 원 국방 예산은 일본과 비슷하다. 일본의 군 인력 운영 비용이 전체의 43% 대비 한국의 인력 운용 비용 비율이 39% 정도로 약 4%, 2조 원의 차이가 발생하는데 이 중 일부를 군대 내 장병을 위한 대학교를 운영하는 데 전용專用이 가능할 것으로 보인다.

군軍의 첨단 기기器機 장비의 개발, 운용, 유지, 발전을 위한 군 내부의 뛰어난 운용 능력 인재의 배출을 꾀하는 목적과 기존 대학이 제공하지 못하는 다양한 학과 개발을 통해 이들이 제대하면서 사회의 각 분야에서 바로 활동할 수 있게 하여 국가 경제 활동력, 개인의 경제 활동 수명을 늘려 인구 감소, 노령화에 의한 국가경제력 약화에 대한 대안代案이 되기에 충분하다.

현재 군을 위한 사관학교는 전장의 군 간부 지휘를 위한 프로그램이며 '산업기능요원' 자격의 군 대체 복무 같은 경우 일종의 병역 특례로 왜곡되는 것 같다. 그러나 군대 내 학사 자격증 프로그램, 소위 군 · 학(Military-Academy) 프로그램은 국가의 미래를 책임지는 전군全軍 병사의 역량 강화 차원에서 중요하다. 전장에서 일반 장병의 자신감은 그들 스스로의 성취감에서 형성되어야 하는 점을 인식할 필요가 있다. 군대 병영 시간을 충분히 활용하면 현재의 Non-tact와 첨단의 communication system으로 군 영내領內 시 · 공간 제약이 해결된 군 대학 운영이 가능하다.

이런 입장에서 병사들의 인력을 그대로 방치하는 것

이 아니라 제대 후 사회 핵심 구성원으로서 역할을 증대시키기 위한 프로그램을 실행해야 하는 것 역시 정부의 의무인 것이다. 당연히 성공적인 운영을 위해 정부와 군 당국은 장병 학사 이수자에 대한 제대 후 각 분야의 취업 보장까지 책임을 지는 시스템과 장병들 스스로 공부에 적극적 참여를 위한 성적 우수자 휴가, 유학 특전, 진급 등을 고려해 볼 만하다.

이런 결과는 첫째, 군軍에 대한 강한 신뢰감 형성, 자긍심과 자율성이 강화된 강한 군대로, 둘째, 국가 산업 발전을 '학學-산産-군軍'의 새로운 상관관계로 사이버전戰, 우주전戰도 대비하는 최강의 군대를 만들 수 있으며, 더불어 부모의 과도한 학자금 비용, 과외비 부담으로부터 해방되고 국민의 신뢰를 더욱 받지 않을까 생각한다.

어떤 동기부여도 없이 오직 국방의 의무만을 강조하는 시대는 이제 저물고 있다.

2021. 8. 9.

대학교

우리 사회의 허구적 모습이 어디 하나둘인가 싶지만 가장 심각한 부분이 교육 부분이고, 이 중 가장 낙후된 곳이 대학교가 아닐까 싶다.

대학에 들어가는 학령인구가 2021년 기준 약 38만여 명 예상되고, 모집 정원은 약 55만여 명으로 수요와 공급의 불균형 및 역전현상이 확실하게 보인다. 지금도 일부 학과는 미달이 되고 있다. 약간 과장하면 고등학교 대충 다니다 수도권 웬만한 대학은 그냥 들어갈 수 있다는 말이다.

이러한 학령인구 감소는 대학 수익에 막대한 악영향을 끼친다. 대학 재정을 충당하는 3대 요소要素가 학생

등록금과 정부의 지원금 그리고 기부금인데 등록금 동결과 재학생 감소, 정부의 재성 지원 축소, 경제의 위축에 의한 기부금 축소로 대학 재정이 급격하게 악화되었고, 이처럼 수익이 감소하는 상황에서 물가 인상률과 호봉에 의한 교직원 급여의 인상, 그 외 비용의 증가로 재정의 마이너스 부분이 더욱 커지고 있다. 이렇다 보니 교육 시설 투자와 우수한 교수 충원은 꿈에도 생각 못 하는 현실이 되었다.

대학은 하루가 다르게 변하는 4차 산업 시대에서 사회가 필요로 하는 융복합 인재를 양성하기는커녕 현실과 동떨어진 낡고 부실한 교육을 제공한다. 결국 기업이 졸업생 재교육을 담당하는 시간과 비용을 추가로 떠안게 되어 거시적 입장에서 국가 경쟁력을 발목 잡는 기현상이 초래되고 있다.

그런데도 대학은 생존을 위한 고민을 절실히 하지 않을 뿐 아니라, 과거의 습관과 타성에서 벗어나려고도 하지 않는다. 이번 코로나19로 인한 비대면非對面 교육도 허술하고 그로 인한 재학생의 등록금 일부 반환 요

구에 여유 있게 응할 대학이 몇 되지 않는 것이 현실이다. 한마디로 돈도 없는 가난한 대학, 간판만 달랑 가진 대학이 대다수다.

전문 능력을 겸비한 21세기 융복합 IT 대학으로서 기업과 사회의 성숙을 위한 교량 역할을 제대로 하는 대학과의 차별화를 위해서 일부 한계치에 이른 대학에 정부 보조금 지원을 하는 근시안적 정책은 즉각 멈춰야 한다. 현재 생존 귀로에 서서 오직 정부의 지원으로 겨우 버티는 대학은 문을 닫아야 한다. 이들에 대한 목숨 연장은 학생과 국가에 아무 도움이 되지 않는다.

학부모들도 자녀 대학 진학에 대한 발상의 대전환이 필요하다. 지금은 대학 졸업장 달랑 하나 가지고서는 어디 갈 수 없는 사회이다. 대학 간판 하나 가지고 취직되는 시절은 벌써 지나갔고, 향후에도 오지 않을 것이다. 제대로 교육할 능력 없는 대학을 잘 선별해 자녀들의 20대 청춘 그 귀한 시간을 낭비하지 않도록 해야 한다.

지금의 기술 수준 대학의 강의 내용은 2년 압축해도 충분하고도 넘친다. 4년 동안 다녀야 하는 이유는 오직 대학의 수익을 위한 것 외에는 없다. 21세기인 지금 30년 전 지식을 가지고 편히 과목을 우려먹는 대학은 존재할 필요가 없다.

20. 6. 26.

똑똑한 아이와 우둔한 대학

대학이 혼돈상태이다. 코로나19로 강의를 온라인으로 부랴부랴 준비하고 있는데 이런 강의가 유튜브와 뭐가 다르냐고 벌써 학생들 불만이 터져 나오고 있다. '대학 = 내 자식 똑똑함 = 출세 보장'으로 생각하여 부모가 목숨 걸듯이 자녀 대학 입학을 위하여 고생했는데 대학 강의가 생각지도 않은 온라인 강의로 진행되다니 말이다.

그런데 대학은 학생 지능(intelligence=똑똑함)을 제대로 개발시킬 능력은 있는가?

인간 뇌 인지 능력에 대해 하워드 가드너는 '다중지

능 논리'(Theory of Multiple Intelligence)로 여덟 가지 지능 영역이 있다고 한다. 보통 우리가 아는 수리, 언어적 부분과 함께 음악 지능, 신체 운동 지능, 공간 지능, 인간 친화 지능, 자기성찰 지능, 자연 친화 지능이다. 나는 기존의 2가지 영역 외 다른 6가지 영역을 창의적(creative) 영역의 지능이라고 말하고 싶다.

타율이 높은 야구 타자는 투수의 공을 보통 사람보다 더 빠르게 분석하여 스윙을 지시한다고 한다. 잘 치는 타자는 '뇌의 명령 전달 속도'가 남보다 빠른데 이것은 체력의 차이가 아니라 뇌의 작용, 즉 신체 지능 차이라는 것이다. 노래를 잘하는 것도 음音을 잘 구별하는 뇌

의 음악 지능 차이에 기인한다는 것이다.

지능개발에는 이렇게 다양한 영역을 고려해야 함에도 대학에서의 평가는 종이 시험으로 학점을 주는 시스템이다. 이유는 간단하다. 돈이 가장 적게 들기 때문이다. 완전 편의주의 발상이다. 반대로 창의적 지능영역 평가는 불가능한 것이 아니라 돈과 시간이 많이 들어가기 때문이다. 결국 종이 시험은 오직 '기억력 좋은 아이 = 똑똑한 아이'라는 오류를 지속해서 재생산하고 있으며 '창의적 영역의 똑똑함'에 대한 개발에 대한 대학의 관심이나 능력이 없다.

현재 4차 산업 시대는 창의적 인재를 더욱 필요로 하는 시대이다. 창의적 영역의 똑똑함이다. 이미 봉준호, 김연아, BTS, 손흥민은 이런 영역의 사람이다. 이런 사람들은 대학 칠판 강의로 길러낸 것이 아니다.

'똑똑한 아이 = 창의성을 가진 아이, Creative 영역'

칠판 하나 딸랑 가진 대학, 낡은 지식을 전가傳家의 보도[寶刀] 인양하는 대학교육은 학생의 창의력 계발 과정과 거리가 멀다. 귀한 미래를 위한 대학에서의 4년이 낡은 학습시스템과 습관적 교육으로 메워지고 있는 것이 안타깝다. 태만한 대학에 대하여 학부모들이 데모하지 않는 것이 신기할 정도이다.

창의적인 똑똑한 아이를 오히려 바보로 만들어 놓는 대학은 스스로 존립을 심각하게 검토해야 할 시기이다.

2020. 3. 13.

"밟고 지나가라"

양화대교 북단 끝 작은 공원에 포은圃隱 정몽주의 동상이 있다. 차가 다니는 길옆이라 대부분의 사람은 여기에 동상이 있는지 잘 모른다.

'포은 정몽주'는 고려 말 새로운 이념인 주자학 연구의 대가로 동방이학東方理學의 시조始祖라 불리며 고려 말 합리적 온건 개혁주의자로 알려졌다. 조준, 정도전 등 급진 개혁세력과 대립 와중에 이성계의 아들 이방원에 의해 1392년 선죽교 위에서 피살되었다.

이방원이 정몽주를 회유하기 위한 술자리에서 그 유명한 하여가何如歌 "이런들 어떠하리 저런들 어떠하리 만

수산 드렁 칡이 얽어진들 어떠하리"로 운을 뗐으나 화답 단심가丹心歌 "몸이 죽고 죽어 일백 번 고쳐 죽어 백골이 진퇴되어도"로 화답하며 단칼에 거절했다.

생각해보면 그냥 넘어간들 세상이 어찌되나? 그럼에도 그의 가족마저 멸문지화滅門之禍의 사지死地를 예상하면서도 "나를 밟고 가라"는 타협하지 않는 강한 '뚝심'을 강하게 느낄 수 있다.

그래서인지 그의 추모비에 "충의의 피를 흘리고 영원

히 살아남다"라는 글귀가 유독 눈에 들어온다. 결국 역사 속에 부활을 한 것이다.

"나를 밟고 지나가라." 또 한 분이 내 마음에 있다. 79년 말 특전사 비서실장으로 겨우 권총 한 자루만 가지고 자신의 사령관을 보호한다고 신군부 쿠데타 세력과 맞서다 전사한 김오랑 소령이다. 소위 비서실장하면 아주 뛰어난 머리를 가진 수재秀才가 그 자리에 앉는 것이 불문율이다. 이런 군 인재가 불가항력적 다수의 무장한 군인들의 공격에 혼자서 저항하는 것은 아무 의미도 없는 것이다. 자신의 죽음이 원치 않는 가족과의 생이별이며 살아남은 가족에게 영원한 고통을 주는 행동이지만 그가 그것을 몰라 죽었을까? 그럼에도 당당히 "나를 밟고 지나가라"고 하며 전사한 것이다.

위의 두 인물은 한국 역사에 영원히 살 것임에 믿어 의심치 않는다.

이와 반대로 무슨 장관 청문회를 보면 위와 같은 기개와 뚝심을 기대하기는커녕 단지 강남 위장 전입, 탈

세, 자녀들 스펙 위조가 없기만을 초조히 기대한다. 어찌 하나같이 이런 인간들만이 장관 병에 걸린 것인지 모르겠다.

주사酒邪에 택시 기사 목을 태클하는 수준은 가히 올림픽 금메달감이다. 결국 CCTV 증거가 나오니 그제야 사표를 던지는 자가 법무부 차관이다.

어디 이뿐이랴, 최근 거기 장관이었던 자는 자기변명의 책을 출판하면서 가족의 피로 펜을 쓴다고 했다. 그리고 "자신을 밟고 전진하라"고 했다니 기가 막히다. 자성自省은 커녕 온갖 교언영색巧言令色으로 도배질을 하니 요즘 시쳇말로 관종(관심 종자) 최고 달인 같다.

가족을 버린 정몽주와 김오랑에게 따져야겠다. 가족 좀 생각하세요. 역사에 영원히 사는 것이 뭐 그렇게 중한가요? 그냥 우리 식구 잘 먹고 사는 것이 중해요. 국민이야 뭐 대충 말하면 다 꺼벅하는 것인디요.

2021. 6. 7.

인생이란 공부

코로나의 맹위猛威가 언제 끝나려나, 벌써 1년이 지났고 여전히 진행형이다. 이제는 오히려 될 대로 되라는 심정이다. 그런데 어제 깊은 밤 창문 밖에서 함박눈이 어둠을 뚫고 내리면서 온 천지를 하얗게 덮는 모습에서 그나마 조금의 위로와 여유를 가져보았다. "테스형, 세상은 아직 볼 것이 좀 남아있네요" 말하고 싶다.

학창 시절 영어 참고서가 초급, 중급, 고급의 3단계가 있었던 것으로 기억이 나는데 창밖을 보면서 인생 공부도 이 3단계로 말할 수 있을 것 같다. 초급 단계(학창시절), 중급 단계(사회생활), 고급 단계(은퇴 후?).

어린 시절 초-중-고-대학의 공부가 인생의 3단계 공부 과정에서 보면 그냥 초급 난계라는 생각이 든다. 뭘 알고 공부를 했을까? 초급 단계를 수료하고 사회생활의 인생 중급 과정까지 우려먹으려고 하는 사회가 우리 사회가 아닐까?

사회생활이 생존의 문제이며 출세의 문제이기에 나름, 열심히 해서 결혼도 하고 의무감은 더욱 가중된다. 어머니가 공부하라고 난리를 치지 않아 좋지만 거대한 사회 조직의 블랙홀에 빨려 들어가 세월을 잊고 악착같이 살아서 집 하나 장만하고 애들 결혼시킨 것(!)이 평범하지만 나름대로 열심히 해서 성공한 삶이라고 해도 과언이 아닌 듯하다.

누구는 강남에서 집값이 엄청나게 올랐다는 저녁 밥상의 대화는 마치 능력도 안 되면서 밥은 왜 그리 잘 먹냐고 들린다. 이때쯤이면 자신이 어느 정도 용도 폐기되는 시절이 다가오는 것을 직감하게 되고 창밖의 눈을 보면서 "테스형, 세상은 왜 이리 삭막한가요?" 할 것 같다.

요즘은 이런 하소연을 받아 줄 동병상련同病相憐의 친구들과 소주 한 잔도 못 하는 개방된 수용소 안에서 코로나는 특히 노인들에게 위험하다고 한다(노인인 것도 서러운데). 그래서일까 여태 잘 버티던 몸에 이상 징후가 더 나타나는 느낌이고 여러 군데 통증으로 쑤신다. 이것도 혼자 견뎌야 한다. 이것이 인생인가 하면서.

너무 처량한가? 그러나 사실은 이제 겨우 인생 중급 단계를 마친 것이라 말하고 싶다. 인생 3단계 최종 고급 단계의 '인생 공부'를 시작하지 않은 것이다.

3단계 인생 공부를 시작하면 몸의 통증이 말끔히 사라지는 기적을 맛볼 수 있다.

이제 내 삶을 반추反芻하고 세상이 얼마나 넓고 깊은지 여유를 가지고 찾는 기쁨의 시간이 왔기 때문이다. 어떤 면에서는 '신의 섭리'를 이해할 수 있는 절호의 기회이기도 하다.

'내가 이 땅 위에 왜 존재하는지' 이유에 대해 창밖에 내리는 눈과 대화를 할 필요가 있다.

이 창문 안에서 따스한 삶에 대해 감사를 표하며 그 눈과 대화를 할 수 있는 한 권의 책과 메모할 종이와 연필 그리고 커피 한잔이 있다면 금상첨화錦上添花의 인생

공부 최고급 단계가 준비된 것이다.

우리 앞에 놓인 '3단계 최고위급 인생의 공부'가 영원히 '미완未完'의 진행형일지라도 창밖의 눈과 때로는 맑은 날 밤의 별과 대화를 할 수 있는 기쁨이 있다면 최소한 코로나 시절의 지혜로운 삶이 아닐까.

2021. 2. 4.

만남

오늘은 미세먼지로 온통 하늘이 뒤덮었다. 코로나로 공기가 맑아졌다고 하던데 그런 것도 아닌가 보다. 확진자도 늘어나고 좋은 소식이 별로 없는 가운데 모처럼 이번 주초週初에 제자들이 찾아와 저녁을 같이했다.

대학에서 주로 '상품학'이란 과목으로 3학년 유통경영학과와 국제통상학과를 1, 2학기로 나누어 가르쳐 왔는데, 19년 국제통상학과 3학년 과목을 들은 학생들이 이제 졸업을 하고 사회에 나와 직장을 다녀 소주 한잔 모신다고 해서 자리를 마련하게 되었다.

오랜만에 제자들과 이런저런 세상 이야기를 하다가

한 제자는 교수님이 제출하라고 한 '자신의 브랜드'가 이번 면접에 크게 유용하여 1차 면접이 통과되었다는 말에 더 최선을 다하지 못한 것이 뜨끔했다.

술자리를 마무리하면서 얼마 되지 않는 월급으로 자기들이 소줏값을 결제한다고 카드를 꺼내는 모습을 보니 진짜 사회인이 되었다는 생각이 확 들었다.

비록 밝은 모습을 하고 즐거운 만남으로 자기가 원하는 직업에 대해 고민, 미래의 자기를 그리기 위해 좋은 대화를 하였지만, 한 가지 아쉬운 부분이 있어 이렇게 글로 다시 좀 정리해 본다.

2015년 기회가 있어 캐나다 사스카툰Canada, Saskatoon의 St. Andrew's College에서 신학 공부를 한 학기 하게 되었는데, 그 당시 친하게 지냈던 신학 교수가 나에게 자신의 저서를 하나 주면서 "학생이며 친구이며 스승인 영호에게"라고 서명해 주었다.

그 당시에 학생이며 친구까지는 그런대로 수긍했지만, 그 당시 신학 공부를 하는 학생의 신분이었기에 왜

나에게 teacher라는 말을 했을까 의아해했었다.

그런데 소주를 먹고 갑자기 깨달음이 오는 듯하다. 소주를 마시면서 제자들과 나눈 정담情談은 이 세 가지의 기준 위에서 이루어지는 소중한 것들이라는 것을.

젊은 친구들과 저녁 해가 기울어지는 것을 뒤로하고 고기를 구우면서 소주 한잔을 하는 이것이 제자와 스승의 만남이지만 아울러 사회적 관계 속에서는 동료로서 만남이라는 것이다. 만남은 서로의 나이 차가 걸림돌이 되지 않는다는 것이다.

캐나다 교수가 말한 '나의 스승이며 교사'라는 문구가 이제야 이해되는 듯하다.

한 친구가 요즘 IT의 creating platform 창업회사에 다닌다고 하는데 사실 이 부분에 거의 아는 바가 없다. 오히려 내가 배워야 할 부분이다. 더 크게 생각을 해보면 직업으로 배워야 하는 것은 아니지만 우리도 이런 세상에 놓여 있다는 것이다. 나이 먹었다고 이 세상의 흐름을 다 이해할 수 없다. 특히 고집 많은 자기 독선의 늪에 빠져 자기 계발을 게을리하는 사람들은 젊은 세상의 스승을 만나지 못할 것이다.

요즘 젊은이들이 말하는 '나일리지'와 상통하지 않나 하는 생각이다. 나이+마일리지의 합성어로 나이만 쌓은 꼰대를 젊은이들이 사용하는 유행어이다.

이번 제자들과 만남은 알고 보니 제자를 만난 것이 아니라 친구이며 스승을 만난 것이다. 만남이 무엇보다 소중한 것은 그 관계를 통해 무엇을 주는 것이 아니라 얻는 것이 더 많다는 사실이다.

그래서 이번 만남은 내가 더 많은 것을 받았다는 것을 고백해야 할 듯하다.

2020. 11. 13.

노포(老鋪)

이제 장마가 그친다고 하니 반갑기도 하다. 오랜 장마로 지쳐서인지, '코로나 블루'인지 눈 밑에 다크서클Dark Circle이 점점 내려오는 느낌이다.

이런 일상을 극복하려고 그런 것은 아닌데 최근 노포를 몇 군데 찾아가 식탐의 호기를 누리고 있다. 최근 방문한 두 곳이 신촌시장 내 '여수집'이고, 다른 한 곳은 다동의 '이모집'이다. 간판부터 요즘 흔한 영어나 일본어 사용이 전혀 없는 80년대의 간판에서 연륜이 느껴진다. 벽면은 언제 붙였는지 모르는 오래된 수영복 모델이 미소를 띠는 그런 장소이다.

'여수집'은 사장님이 혼자 운영을 하시고 메뉴가 몇 개 안 되는데, 메인main 메뉴는 싱싱한 '돌문어'와 곁들이는 박대구이다. 맛이 일품이어서 소주를 부른다. 사장님 혼자 문어 주문받고 데치기에도 버겁기 때문에 소주는 본인이 직접 냉장고에서 집어 오지 않으면 안 된다. 사장님은 요리, 손님은 나머지 것을 알아서 해야 하는 시스템이다.

다동의 '이모집'은 여사장님 2명이 운영하는데 '족발과 전'이 특징이다. 이 집은 김치가 일품이라 막걸리가 더 어울린다. 직장인을 대상으로 오랜 기간 운영한 곳이니 많은 이들에게 추억의 장소일 듯하다. 두 곳 사장님 연세도 70대를 바라보는듯한데 나이가 맛을 대변하는 것 같다.

요즘 맛집을 소개하는 매체들이 많다. 주로 '가성비' 기준이 아닌가 싶다. 가격대비 반찬이 많다든지, 아니면 메인 음식이 무한리필이거나 다른 곳보다 훨씬 더 푸짐한지 그리고 깨끗한 인테리어와 편리한 주차시설 등 말이다.

그러나 노포는 이런 곳과 거리가 멀다. 테이블이 6~7

개 정도 놓여 있고 다닥다닥 붙어있어 화장실을 가려면 옆 테이블 손님 등짝을 쓸고 지나가야 한다. 조용히 담소하기에는 부적합하다. 옆 테이블 소리가 마구 날라온다. 여기서 심오한 대화를 포기하는 것은 물론 지금 같은 코로나 시절에는 사회적 거리두기도 힘들지 않나 싶을 정도이다. 좋은 서비스를 기대한다면 노포 가는 것을 포기하는 것이 좋을 듯하다.

노포 기준이 명확하게 뭐라 정해진 것은 없지만, 그래도 30년 이상 성공적으로 운영하는 점포가 아닐까 생각이 드는데 비결은 결국 '손맛'이라고 할 수 있다. 노포의 '김치' 한 가지에도 그냥 단순하게 맛이 좋은 것이 아니라 뭐라고 표현 못 하는 깊은 맛이 있다. 어머니를 느끼게 하는 묘한 맛이다.

자식을 훌륭하게 키우기 위해 새벽부터 저녁 늦게까지 얼음보다 더 차가운 물에 손이 터지면서 밥하시고 음식 만드시던 그 맛이다. 어머니의 기도를 더한 정성의 맛, 그것 때문에 우리가 이렇게 잘살고 있는 것 아닐까.

최근 매스컴에 영화배우 했던 분과 인기 작가였다는

분이 자식을 위해 더 이상 참을 수 없다고 이제는 폭로한다고 떠들어내는데 무슨 내용인지 잘 모르지만, 우리 시절의 어머니 상像은 분명 아닌 듯하다. 그냥 '관종'을 즐기는 자들 같다.

"짜장면이 싫다"라고 하신 어머니를 노포에서 그려봅니다.

2020. 8. 16.

환갑을 맞이하면서

요즘 코로나19로 인해 다들 힘들어하는데 한가하게 글이나 쓰는 것은 아닌가 해서, 코로나 직격탄에 정신이 없는 상황이라서 한동안 펜을 놓고 있었었다.

이 와중에 환갑環甲 혹은 회갑回甲, 60년 한 바퀴를 돌고 나니 이런저런 생각이 든다.

첫 번째 개인적으로 20년에 한 번씩 일어나는 '20 반복 급변설'이다.

20살 때 박정희 군부독재 정부가 갑자기 쓰러지고 학교 휴교령이 떨어져 친구들과 막걸리 하나 들고 뒷산에 올라가 불같은 삶에 대해 고민을 했었다. 40살 때에는 한참 가족을 먹여 살리던 어느 날 갑작스러운 국가 부도(IMF)가 일어나고 그 여파로 상당 기간 고생을 했다. 60살인 올해엔 코로나19로 상상도 못한 세상을 보게 되었다. 이렇다 보니 80살에는 또 무슨 일이 일어날까 걱정이 된다.

두 번째가 '내가 건강한가?'인데 부모님 환갑잔치 때는 진수성찬에 가족, 친지가 모인 생각이 난다. 참 세상이 좋아졌는지 누군가 우리의 신체 나이가 30년의 나이에 0.7 혹은 0.8을 곱한 것이라 하던데. 그래서인지 진수성찬은커녕 밥 한 끼도 눈치 보며 얻어먹고 있다. 지금 60살은 30년 전 42~48살 정도인데 뭘 차려주냐는 논리이다. 이걸 좋아해야 할지 말아야 할지.

세 번째는 내 거울을 한 번 진지하게 쳐다보면서 뭘 할 것이 아니라 뭘 내려놓아야 하는지에 자문자답을 하고 있다.

어린 시절 철도청 공무원이시던 아버지가 은퇴 후 특별히 하시는 일 없이 소주(당시 무학소주가 대세)를 친구삼아 여생을 보내신 것과 요즘 요양원에 계신 어르신들도 하는 일이 없이 세월을 보내는 것이나 별반 다를 것 없는데, 그래도 은퇴 후의 생활을 고민하게 된다.

그렇다고 60 넘어 계속 일하는 것은 '복福'인 것 같지는 않다. 띄엄띄엄 일하는 것(말같이 쉬운 것이 아니다)이나, 아니면 모든 것에서 확 벗어나 시골(지금 마음은 강원도 어느 동네를 그리고 있다)로 내려가는 것, 이 모든 옵션이 다 만만치 않다.

그래도 환갑을 맞이한 이상, 중요한 것 하나는 마음에 담아야 하지 않겠나 해서 생각한 것이 '나 아니면 안 된다'라는 이런 생각과 욕심을 내려놓는 것이다. 아직도 내가 건재하다고 버티는 오만, 그런 욕심을 버려야겠다는 결심은 변함이 없다.

박근혜 정부 시절 비서실장 김기춘은 은퇴가 훨씬 지난 후에도 본인이 아니면 안 되는 것도 아닌데, 70세 넘어 비서실장으로 노욕老慾을 부리다가 결국 참혹한 국립대학(?) 입학을 했다.

최근 내가 아는 '모 대학의 총장'이나 '재단 이사'라는 분도 이런 비슷한 노욕을 보인다. 분수도 모른다. 그냥 본인 체력이 말짱하나고반 하면서. 대학의 비전Vision 제시나 개혁(Renovation)에 관해 관심과 능력이 없는 것 뻔히 아는데 그저 부모 때부터 잘 다닌 교회, 그 교회에서 무슨 감투하나 받은 은혜이다. 정말 대학과 학생을 위해서 얼른 용퇴해야 하지 않나 싶다.

제2의 인생, 다시 시작한 한 살이지만 정말 정신 바짝 차려야겠다.

2020. 6. 15.

Catch up

최근 일본 NHK가 이스라엘 코로나 방역 시스템이 잘되고 있는 이유를 이스라엘 수상 네타냐후에게 물었고, 그의 대답은 간단했다. "한국을 따라 했다." 이에 일본 우익들은 흥분하며 열 받아서 댓글에 이스라엘을 비난하는 문구를 쏟아 냈다고 한다.

이스라엘은 친 한국적인데, OECD 국가 중 '동해'와 '독도'를 우리의 입장대로 표기해주는 유일한 국가이다. 2005년 이스라엘 역사박물관 개관 50주년 기념일에도 유일하게 일본을 초대하지 않았다. 그 이유는 일본이 전쟁의 패전국인데 원폭 피해를 받은 피해국으로 위장僞裝하기 때문이라고 하였다. 참 당당한 국가이다.

지금 이스라엘은 자국 안보에 위협이 있다고 판단하면 선제적으로도 무력 공격을 하는 강한 나라이지만, 사실 오랜 기간 떠돌이 생활하다가 2차대전이 끝나고 승전국에 의해 만들어진 나라다. 그것도 독일 나치 정부에 의해 유대인 민족 600만 명이 엄청난 희생을 치른 뒤였다.

이스라엘은 독립 국가가 되었지만, 승전국이 아닌 피해국으로 남는 것에 머물지 않고 자신의 정체성(진정한 독립)을 위해서 정보기관 모사드를 통해 끈질기게 가해자를 추적하였다. 그리고 1960년 5월 아르헨티나에 숨어있던 홀로코스트(유대인 대학살)의 수송 책임자였던 '아

돌프 아이히만'을 찾아내 납치해서 법정에 세우고 사형시켰다.

이스라엘은 2차 대전의 승전국이 아니었기에 국제재판소가 아닌 자국 법정의 재판을 통해, 무리한 행동(납치, 재판의 정당성)이라며 국제적 비난을 받았지만, '아이히만'을 사형시킴으로써 민족의 자존심을 세웠으며 진정한 국가로 거듭남을 선포하였다.

이것은 역사 속에서 승전국이 패전국을 재판하는 권리를 가졌다는 보편적 인식에 대한 유일한 예외적 사례였다.

우리에게 일제 강제노역 피해자에 대한 한국 대법원의 배상 판결은 이들의 아픔을 치유하는 것과 더불어 1945년 물리적 해방과 다른 2019년 정신적으로 진정한 독립국임을 이스라엘에 이어 두 번째로 선포한 역사적 의미를 담고 있다. 'No Japan, No Abe'는 정신적 전쟁이었다.

이번 코로나 사태에서 일본 정부의 대응을 보면서 일

본과 한국의 위상位相이 역전된 것(catch up)을 확인할 수 있다. 자존심 구겨진 일본이 우리에게 방역 know-how를 물어보기 힘들어 이스라엘에 요청했지만 "이웃 한국에 가서 물어보고 배우라"는 답이 돌아와 더욱 쓰리고 아플 것이다.

비록 지금 코로나 사태로 모든 분야가 어렵고 고통이 심하지만, 발전은 고통을 밟고 일어나는 것이다. 전 세계의 공황(Pandemic) 상황이 언제 끝날지 두렵고 힘들지만 한 가지 분명한 것은 우리 자신이 이미 세계에 도움을 주는 나라의 국민인 것은 분명 자부自負해도 된다.

힘들 내시라!

2020. 3. 31.

벚꽃과 별

오늘 아침 날은 흐렸지만, 출근길인 양화대교를 지나며 보니 선유도공원에 개나리와 벚꽃 일부가 피어있었다.

매년 보는 개나리와 벚꽃이지만 올해는 유난히 반갑다. 눈에 보이는 아름다움 그대로 간직하고 싶다. 꽃은 그 자체로 아름답고 이 한 마디면 충분하다.

우리는 어찌 보면 감당하기 힘든 첨단의 시대 속에 살고 있다. 상상도 하지 못하였던 바이러스의 공포 속에서 하루하루 찌들어 가는 일상을 보내고 있다. 이런 상황에 꽃의 성분은 무엇이며 어떤 환경에서 자라고 꽃

알레르기는 어쩌고 하는 부연 설명이 필요할까?

오늘만이라도 그냥 이 아침 선유도공원의 벚꽃의 자태를 그저 아름답게 쳐다보고 싶다.

선유도仙遊道, 신선神仙이 유유자적悠悠自適 보내던 장소에 있는 벚꽃이니 무슨 말을 더하겠나?

독일 철학자 칸트의 묘비에 "생각하면 할수록 놀라움과 경건함을 주는 두 가지가 있으니, 하나는 내 위에서 항상 반짝이는 별을 보여주는 하늘이며, 다른 하나는 나를 지켜주는 마음속의 도덕률이다"라고 쓰여 있다고 한다. 이 아름다운 벚꽃은 칸트가 말한 두 가지 중 전자에 해당하지 않을까? 하늘의 반짝이는 별과 같이 지상의 아름다운 벚꽃을 본 것이 오늘 어떤 시간보다 더 좋다고 생각하기로 했다.

힘든 겨울을 버티고 앙상한 가지에 새로운 잎을 채우고 그것도 모자라 '예쁘고 순수한 흰색의 색깔' 때로는 '수줍은 듯 연한 분홍빛 색깔'인 벚꽃, 벚꽃은 그 자체만으로도 오늘 최고의 행복한 순간을 선사하였다.

내 마음의 도덕률, 이 세상을 살면서 어떤 삶을 살아

야 하는지는 벚꽃 성분을 분석하듯이 공부해서 될 것이 아니다. 세상이 책에 나온 매뉴얼처럼 내 마음대로 되는 것도 아니다. 오늘은 그냥 벚꽃을 느끼듯이 이 땅에서 누구를 향해 미소를 보낼 수 있다면 그것을 '내 마음의 도덕률'이라고 생각하자.

과학만능주의(Scientism)에 젖어 신神을 분석하려고 하지 말자.

벚꽃 하나와 '하늘 위의 별' 그리고 '내 마음의 도덕률'은 사실 과학이 아니고 신이 주신 선물이다.

놀라움과 경건함은 이미 우리의 상처를 어루만져주신 예수의 모습으로도 충분하다.

그러기에 오늘도 하나님이 창조한 별, 꽃, 하늘을 편히 보자. 하루 정도는 느긋하게 보내 보자. 어쩌면 이게 하나님을 생각하는 안식일安息日일지도 모른다.

2020. 3. 27.

"악의 평범성"

오늘 코로나바이러스에 이어 톱 뉴스는 소위 'n번 방' 운영자인 것 같다.

미성년자를 포함한 수십 명의 여성을 협박해 성 착취 동영상을 제작하여 돈을 벌었다고 한다. 분개한 231만 명의 시민들이 청와대 게시판에 범죄자 신상 공개를 청원했고, 오늘 매체를 통해 그의 얼굴이 공개되었다.

그런데 그 얼굴을 보니 참 평범하다. 범죄자 얼굴의 전형이 있을 수 없지만, 머리에 뿔도 달리지 않은 그저 흔하고 평범한 얼굴이다.

독일의 여성 정치철학자 한나 아렌트가 1961년 유대

인 학살 운송에 책임자였던 독일 수송 장교 아이히만의 재판을 지켜보면서 쓴 저서 『예루살렘의 아이히만』에서 아렌트는 아이히만을 극히 평범한 인간이며 그저 국가의 지시에 충성을 한 사람이라 생각한다. 그리고 '악인으로 인식될 수 없는 인물이 태연하게 일상적으로 끔찍한 악을 저지를 수 있는가?'라고 물음을 던지는데 악행惡行은 광신자나 반사회적 인격장애자뿐 아니라 보통 삶을 사는 사람에 의해 행하여진다는 것으로 보았고, 이에 대해 '악의 평범성'(Banality of Evil)이라는 개념을 제시하였다.

평범한 자들이 이런 끔찍한 일들을 저지르는 가장 큰 이유는 바로 사회 바이러스(Virus to society)에 전염傳染이 되었기 때문인 것 같다. 'n번방 사건'은 사회 전체에 무감각한 성性에 대한 비도덕적 행위가 이미 도처到處에 전이 되었음을 뜻한다. 유료회원 3만 명은 이 바이러스의 예비 숙주宿主이다.

범죄뿐만 아니다. 우리 자신의 '악의 평범성' 또한 경계해야 한다. 종교인의 '사회적 순기능'에 대해 다시 한 번 언급하고 싶다.

자신의 신앙관의 투철함은 교회 출석으로만 증명하는 것이 아니다. 소명적召命的 관점에서 현재 코로나바이러스 상황에 대한 신앙인의 '사회적 순기능', 실천적 자세에 대해 고민을 해 봐야 한다.

마가복음 2장 27절 제자들의 밀밭 이삭 자르는 것을 본 바리새인들의 비난에 대해 예수께서 "안식일은 사람을 위하여 있는 것이지 사람이 안식일을 위해 있는 것이 아니다"라고 주저 없이 대답하신 것을 명심해야 한다.

교회 예배의 중요함을 누가 모르나? 교회 목사 부인께서 소금 분무기로 교회 신자와 제3의 일반인 등 50명 이상을 전염시켜 지금 병상에서 고통을 받고 있다.

교회와 신자가 다시 코로나바이러스의 숙주 역할을 자임自任한다면 이것이 바로 '악의 평범성'을 드러내는 또 다른 표상表象(sign)이다.

2020. 3. 25.

현대판 흑사병

지금 코로나바이러스 문제로 온통 나라가 정신이 없다. 문제는 단순히 전염병 문제가 아니라 세계적 대공황의 도래가 실상 더 큰 걱정이다.

코로나바이러스 문제는 시간이 지나면서 해결이 될 것이다. 그러나 여기서 초래된 경제 마비 상황을 상상하면 정말 힘들다. 코로나는 국지적 문제가 아니라 동시적, 다발적으로 세계 경제 신경망網을 쑥대밭으로 만들어 놓고 있다.

우리가 경험한 IMF는 그냥 가소로운 것이다. 당시 예측하지 못하였지만, 우리의 외환 관리정책의 미숙과 실패가 위기를 만들어 일어난 후진적 경제 체제의 붕괴였기 때문이다.

2008년 세계 금융 위기는 과도한 주택담보 대출 때문에 파생된 문제였고, 시간을 가지고 풀 수 있는 해결책을 가질 수 있었다.

이 둘의 공통점은 예측의 실패가 원인이었고 고통은 상당했다. 그러나 이번 사태(Post Corona)는 예측할 수 있지만 막을 수 없다는 것이 문제다. 급級이 역대 최대 '외계 괴물'이다.

전 세계 국가의 실물(생산과 소비) 경제 및 금융 등 모든 영역은 점차 타격을 맞을 것이다. 코로나로 인한 소비의 위축, 생산 설비 중지, 기업의 줄도산이 뻔히 보인다. 자금 경색에 대한 경고는 채권시장을 보면 안다. 우량 기업체의 채권 발행에도 매입이 없어 자금을 마련하지 못하니, 곧 4월 채권 만기 금액 4조 7천억 원을 갚을 여력이 없을 것 같다.

아울러 가계 부채는 1,700조, 여기에 기업 부채까지 합하면 3,700조 원에 달한다. 평상시에도 위험 수준이었는데 이제 도산倒産의 쓰나미가 엄습할 가능성이 너무 커졌다.

항공, 여행 등 운수업을 시작으로 해운, 자동차, 철강, 반도체, 조선 아니, 모든 분야의 산업이 제대로 작동할 수 없는 상황이 되지 않을지 염려된다.

문제는 한국 정부의 경우 불행하게도 4월 15일 선거까지 이런 경제적 문제에 신속하게 대응할 시스템이 작동되지 않을 것이라는 우려이며 더욱이 지금의 코로나 경제 위기는 한 국가, 한 정부 수준에서 풀 수 있는 상황이 아니라는 것이다.

이제 국민이 이전처럼 금을 모아 풀 수 있는 문제가 아닌 듯하지만, 그렇다고 넋 놓고 있을 수는 없다. 우

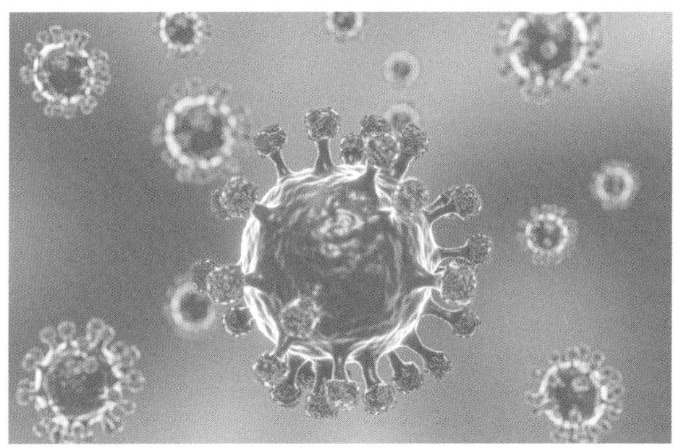

리가 할 수 있는 유일한 노력은 코로나바이러스 방지를 위한 '사회적 거리두기'로 빨리 없어지게 하는 길이다. 종식終熄이 빠를수록 경제 문제도 조금 가벼워질 수 있다.

벚꽃은 내 년에도 피고, 하나님은 교회 안에만 계시지 않는다.

2020. 3. 24.

Vita Activa

봉준호 감독의 〈기생충〉은 계층階層의 부자富者와 빈자貧者, 단순한 이분법적 대립구조를 다중적 구조로 바꾼 듯하다. 부자에 대한 반지하의 관계는 아들 기우의 마지막 독백 "내가 돈을 많이 벌어서 이 집을 살 거야"라는 인간 욕망(desire)의 나상裸像으로 대변代辨한다.

행복을 상징하는 '햇빛'을 어느 정도 볼 수 있는 반지하로 상징되는 기택(송강호) 가족과 햇빛이 전혀 들지 않는 지하의 최빈곤층 가정부 가족을 대립시키며 오히려 부잣집 지하에 만족하려 하는 가난한 자의 분열된 모습을 그리고 있다.

기택에게 죽임을 당한 부자 박 사장은 어떠한가? 그

는 부모로부터 물려받은 금수저도 아니고, 권력에 편승해 돈을 축적한 것도 아니고 그냥 자신의 자리에서 최선을 다한 사람이 아니었는가? 그런 사람이 "무슨 냄새지?" 한 마디에 죽임을 당했다. 이게 무슨 계층의 대립인가?

누군가 이것을 단순화시켜 이념적 계급의 문제로 왜곡시키고 '정신 분열적' 반응을 보인다면 정말 봉 감독이 걱정하는 한국 사회의 또 다른 알몸이다. 정치 권력은 자기 입맛에 맞게 해석을 한다. 국민 전체를 아우르는 정책이 없고 오직 네 편 내 편으로 나누어 즐긴다. 남 얘기는 안중에 없다. 오직 자기 입맛이 중요하다. 무슨 소신들이 그리 많은지?

종교 권력도 신약성서 공관복음서 누가복음 6장 20절의 "가난한 자는 복이 있다"라는 말씀을 자기 입맛으로 곡해曲解한다. 교회 권력자는 "가난한 자 천국 가니 부자는 천국 갈 수 없다"라며 교회에 헌금(기부?)하라고 열을 올린다. 지금 코로나 전파자로 지목된 신천지 집단

교주도 영원불사를 외치며 돈을 끌어모아 제왕적 삶을 누린다. 마태복음 저자는 이게 염려되었는지 마태복음 5장 3절에 "심령이 가난한 자는 복이 있다"라며 가난한 자 앞에 '심령'을 첨가했다.

'심령이 가난한 자'는 이웃사랑을 전제한 것을 의미하지 않을까?

'빌 & 멜린다 재단'을 설립하고 자기 재산의 95%를 사회에 환원하고 있는 빌 게이츠.

경제적으로 부자가 안 되어도 정직하고 열심히 최선을 다한 또 다른 '심령이 가난한 자.'

Vita Activa!

김순진 할머니 60년간 동대문에서 장사하면서 모은 돈 100억 원 대학에 기부.

이복순 할머니 대전역 앞에서 37년간 김밥 장사하면서 모은 돈 기부.

금액이 중요한가? 열심히 60년간, 37년간 인고忍苦의 성실한 삶에 깊은 감동이 있다.

부자이든지 빈자이든지 빌 게이츠, 김순진 할머님, 이복순 할머님에게는 교회 헌금이 아니라도 천국의 복이 당연히 있지 않을까?

이념이나 믿음도 중요하지만, 예수님의 내 이웃사랑은 몸소 실천했다는 것을 기억하자.

2020. 2. 21.

“Parasite”

비가 내리는 날 점심을 막 먹고 난 뒤라 그런지 바로 일을 집중하기 힘들어 잠시 봉준호 감독을 생각해 본다.

희귀한 성인 '봉奉' 씨 중 봉중근(야구), 봉태규(배우) 정도 기억하고 있는데 올해 92회 오스카 4개 중요 부문 수상자인 봉준호 감독은 역대급이다.

그의 작품은 대체로 '사회의 부조리'를 묘사하는 느낌이다. 디테일Detail은 아주 집요하고 예측하기 어려운 반전反轉으로 빠르게 진행한다. 그에 반해 영화의 결론은 의도적으로 유보한다. 그의 작품 〈살인의 추억〉, 〈괴물〉, 〈기생충〉에서 느낀 공통점이다.

지금 이것을 봉준호 장르genre라고 부르던데, 코미디comedy와 스릴러thriller, 유머와 긴장의 대립적 구조를 동시적으로 잘 버무린 '짜파구리'인 듯하다.

이번에 남우주연상을 받은 '조커'의 호아킨 피닉스는 수상 소감에서 "오스카가 백인, 남성, 미국 주류사회의 기본 틀을 깼다"고 선언했지만 그들의 생각과 상관없이 봉준호 감독의 천재성과 독창성, 창의성은 다른 반열로 봐야 무방할 듯하다.

작품 평가와 의의는 앞으로도 더욱 진행될 것이고 오늘 갑자기 나는 지금 그냥 '기생충寄生蟲'이라는 단어만 생각해 본다.

어린 시절, 학교에서 변便 검사를 하고 선생님이 누군가(여러 명이었던 것 같다)를 호명하면 그 당사자는 창피해 어쩔 줄 모르고 주변에서는 깔깔거리고 놀리던 모습이 떠오른다. 그리고 언제부터인가 '저 기생충 같은 놈'이란 소리는 듣지 말아야겠다고 생각한 것, 뭐 대충, 이런 것이 내가 가진 '기생충'에 대한 기억인데 요즘 젊은이들

은 이런 추억이 있는지 모르겠다. 하물며 이 영화를 시청한 미국인들은 내가 기억하는 '기생충'과 같은 추억이 있을지 만무萬無할 것 같다.

'parasite' 어원은 Para = beside, site = sito = food의 의미를 갖고 있는데, 음식을 옆에서 먹다(얻어먹든지, 빼앗아 먹든지) 개념에서 출발한다.

영화 속 기택(송강호) 가족은 부자인 박 사장과 그 집의 가정부 그리고 가정부의 남편을 죽이는데 우발적이며 순간적이다. 그리고 봉 감독은 관객 스스로 결말을 생각하고 해석하길 요구하는 것 같다. 그 당시의 '찝찝함'은 "박 사장이 죽어야 할 잘못이 있나"였다.

오늘 이 단어 '기생충' 어원에서도 또 한 번의 '찝찝함'이 남는다.

음식 만들어 주신 분의 정성과 은혜도 모르며 우리는 당연히 그 밥만 빼앗아 먹는 사람이 아닐까?

2020. 2. 12.

2부

르네상스적 탐욕

구름과 차 한잔

요즘 하늘의 모습이 예사롭지 않다. 뭉게구름이 둥실 떠 있는 것이 너무 아름다운 가을 최상의 모습이다. 며칠 전 태안에서 이틀 머물면서 순간순간 하늘의 뭉게구름과 평야 지대가 서울에서 보던 하늘의 모습과 사뭇 다르게 느껴졌다.

이렇게 아름다운 가을의 풍광風光을 얼마 만에 느끼는 것인지 새삼스럽다. 이번 주말 비록 코로나 시절이지만 백신 접종 비율도 높아졌으니 가을 정취 한 번 맛보는 것도 좋을 듯해서 서울 근교에서 '뭉게구름'이 아주 잘 보이는 곳 하나 추천하려고 한다.

양수리 운길산 중턱에 있는 수종사水鍾寺는 불교 양대

교파 선종과 교종 중 교종의 본찰 '봉선사'의 말사末寺인 아담한 절이다. 봉선사는 세조의 아들 예종이 세조가 묻힌 광릉光陵을 보호하는 사찰이다. 세조 자신은 생전 스트레스에 피부병으로 고생하다 강원도에 치료받고 돌아오는 중 수종사 인근에서 일박一泊할 때 동굴에서 떨어지는 물방울 소리가 맑은 종소리로 들려 수종사로 지었다는 이야기가 있다.

근세의 시작은 서양 중세가 끝나면서 르네상스의 위대한 예술가들을 통해 피렌체의 종소리에서 시작되었고 동시대 조선의 운길산雲吉山 자락 수종사가 개혁 군주 세조의 종소리에서부터 시작되었다는 것이 나만의 과장된 상상력일까?

실학의 거두巨頭, 외조부 윤두서의 기백을 이어받은 정약용의 생가와 묘가 바로 두물머리에 있으니 그가 틈만 나면 수종사에 올라가 저 하얀 구름을 보면서 조선의 개혁을 꿈꾸지 않았을까. 공자, 맹자 유학적 허상에서 벗어나 경세(經世, 세상을 다스리는 이치)와 목민(牧民, 백성을 다스리는 것)의 개혁 사상은 수종사에서 구름을 쳐다보면서 만들어진 것이다. 마치 그의 형 정약전이 흑산도의 파도와 바다를 보면서 『자산어보』를 만든 것이나 매일반 같다.

추사 김정희, 초의 선사草衣 禪師, 배척된 남인 세력 그리고 '서얼 금지령'에 의해 중앙무대 관료가 원천 봉쇄되었던 서자庶子들, 이들이 중국 차茶 대신 초의 선사가 만든 조선의 차를 마시고 막걸리를 마시며 세상 개혁의 꿈을 꾸었을 것이다.

수종사에서 본 풍광은 겸재 정선의 화폭에도 나타난다. 서로 눈부실 정도의 짙푸른 파란 하늘과 강江은 분명 천상天上의 강과 하늘일 것이다. 하얀 뭉게구름은 천사의 모습이 틀림없으니 감히 책상에서 상상만 해도 마음이 정화靜和된다.

요즘 에어컨을 끄면 바로 히터를 틀어야 하는 시절이라는 말은 기후변화로 봄과 가을의 기간이 짧아지거나 사라지고 있다는 의미로 받아들여진다. 좋은 장소가 어디 수종사만 있는 것이 아니겠지만 가을 황금빛으로 변하는 들녘을 보면서 운길산 중턱에 올라 수종사에서 '하얀 뭉게구름'을 보면서 힘든 세상 조금 여유를 가지는 호사好事를 부리는 것은 우리 마음에 달린 것 아닌가.

지금도 수종사에 올라가면 초의선사 차를 주는지 모르겠다.

2021. 10. 15.

자기(self)

극성을 떨던 불볕더위가 갑자기 사라져 이전의 날씨와 같은 여름 말미의 시원한 느낌이 너무 좋다. 매미 한 마리가 방충망에 붙어 울어대는 소리마저도 정감있게 들리는 월요일 아침이다.

지난주『헤르만 헤세와 칼 융』에 대한 책을 읽으면서 더위를 잠시 잊었던 것 같다. 20세기 초반 두 거장巨匠이 언급한 '자신을 찾는 과정'(개인성, individuality)에 대한 사유思惟를 생각하면서 한 주를 후다닥 보냈다.

헤세와 융은 서구 기독교에서 개인성(individuality)이 페르소나persona(인간의 본성을 다양하게 나타내는 가면假面)를 통해 나타나는 것은 가식假飾이라고 주장한다. 오히려 동양의 페르소나persona 존재 자체를 부정하면서 순수한 자연의 모습, 즉 비개인적非個人的 방식의 아름다움 속에서 자기를 찾을 수 있다고 주장한다.

헤세는 그의 저서『싯다르타』에서 깨달음을 찾기 위한 과정으로 현자賢者의 가르침만을 듣는 것만으로는 불가능하며, 자신이 사는 현재의 삶 속에서 홀로서기를 하고 자신 주변의 자연의 소리, 강물의 깊은 대화의 소리를 들어야 깨달음이 있다고 한다.

이는 형이상학의 개념보다는 오직 사실과 경험에 근거하여 자기를 찾는 과정, 즉 무의식無意識의 세계와 현실 세계의 일치점을 찾으려는 노력이 구도求道의 길이라는 칼 융의 말과 일맥상통하지 않을까?

칼 융은 더 나아가 서구 기독교 교리의 핵심인 은총(grace)과 사랑의 비교적 까다로운 가르침을 일방적으로 수용하도록 강요한 것이 오늘날 서양인의 정신에서 의식과 무의식 사이에 분열을 초래했으며, 현실의 빛과 그림자에 대해 그 어떤 해법을 제시하지 못하고 있다고 냉철하게 비판한다. 그는 힌두교나 불교에서 그 원형(Archetype)을 찾으려는 노력, 인간 안의 쿤달리니 Kundalini(인간 안에 잠재된 우주의 에너지이며 생명과 영혼의 근원)를 잠에서 깨우는 노력이 서구 기독교 사회에 필요하며 이것이 자기(self)를 찾을 수 있는 길임을 제시한다.

이러한 두 거장의 가르침은 임의적 이기주의利己主義와 제한된 의식의 자유의지自由意志 논쟁論爭으로 인간과 신에 대한 인식의 접근보다는 내면적 집단 무의식에서 보편적 원형을 찾는 것이 바로 객관적 현실과 인간의 영혼이 서로 일치를 하는 순간이며, 영원한 자유인으로서 자기(self)를 찾는 과정이라고 말하는 것으로 이해된다. 또한 이것이 마태복음 21장 21절 "믿음이 산을 움직인다"는 것을 의미하는 것 같다.

코로나바이러스로 벌써 1년 반 이상 그리고 언제 끝날지 모르는 상황이 더욱 우울하지만, 자연의 소리가 변함없는 것은 틀림없다. 여름 매미 울음소리가 언제나 우렁차고, 여름이 가면 가을이 오듯 우리가 자연의 주체가 아니라 자연이 우리의 주체이다. 아마도 우리는 그 자연을 지켜보는 영광을 누리고 있을 뿐이다.

삶이 무엇인지를 찾는 구도사의 길(시인이 되는 것)은 누구나 갈 수 있는 길이 아니지만, 자연의 소리는 누구나 얼마든지 들을 수 있지 않을까?

2021. 8. 2.

비움

기독교의 중요한 덕목 중 하나는 예수께서 신성을 내려놓고 인간으로 이 땅으로 오신 것(빌립보서 2장 7절)이다. 이를 케노시스Kenosis(비움)라고 칭稱하는데, 즉 예수가 신에서 우리를 구원하기 위해 인간으로 오셨다는 기독교의 핵심 용어用語이다.

그래서인지 기독교인 대화 중에는 '케노시스'가 자주 등장하여 사용되지만, 실천적 행위는 그리 쉽지는 않으며, 사실 구체적으로 무엇을 내려놓는지 모르는 경우도 많다.

그 의미를 왜 모르겠냐고 반문反問들 하실 수 있지만, 한 예로 대부분 우리는 우리 자식을 좋은 대학 들여보

내 달라고 기도 한 번 안 했겠나? 이게 사실 남들과 경쟁에서 누구를 떨어뜨리고 우리 애가 합격하기를 바라는 것인데, 좋은 대학이 출세하는 지름길이라 생각 안 하는 부모 어디 있는가? 이게 '비움'에 대칭되는 '채움'의 기도이며 과장하면 비기독교적 기도이다.

자식 스펙 조작 문제로 아직 재판 중이지만 그 부인은 구속이 되고 자식은 의사면허가 취소를 당할 상황에 놓여 있다. 이런 '채움'의 행동이 어디 이 사람뿐이겠는가?

성서聖書에 예수의 형제가 있었던 것 같은데 아버지 요셉과 아들과의 관계는 둘째 치고 어머니 마리아와도 특별한 언급이 없다. 당시 요셉 가족의 모습은 지금의 평범한 우리네 삶과 특별히 다르지 않았을 것 같다.

그러나 이 가족에 대한 복음서 기록의 가장 하이라이트는 '비움'에 대한 대목이다. 십자가에서 죽음을 맞이하는 순간, 자식과 어머니 사이의 언급이다. "여자여, 보소서 아들이니다"(요19:27). 정말 설명하기 힘든, 간결하면서 뭔가 다 포함된 말씀 같다.

우리네 어머니로 마리아를 상상한다면 아마도 내가 제대로 키우지 못해 그 흔한 남들 다 가는 히브리대학

도 못 보내지만 착한 우리 아들이 무슨 대역질大逆疾을 했다고 이렇게 십자가에 사형을 당하느냐고 대성통곡大聲痛哭 하지 않았을까?

그러나 이 고통스러운 처형의 순간에 예수는 '비움'의 목적을 실천하는 중이었으며 차마 "어머니"라는 말보다는 '공생애'의 자신을 냉정하고 돌이키면서 "여자여, 보소서 아들이니다" 하며 어머니를 향해 억울해하지 말라고 말씀하신 것 아닐까?

이와 반대로 코로나 시절 왜 이리 거꾸로 가는 교회가 많은지 모르겠다. 이 나라를 대표한다는 모 대형 교회에서 교회 신자들에게 무슨 '코로나 부적'을 나누어주려고 했다가 문제가 되어 중단했다는 소식이다. 이게 한국교회의 현실이라면 정말 불행한 것이다. 자기들끼리든 가족끼리든 교회 내 신자들끼리든 최면(채움) 속에 빠져있는 것이며 이것은 예수의 케노시스Kenosis 대상對象인 이웃과 세상, 인류에 대한 정반대의 행위를, 예수를 이용해 행行하기 때문이다.

오늘도 누군가를 욕하고 의심하고, 끝없이 권력을 탐하고 악착같이 돈 벌려고 별짓을 다 하니, 내가 진정한 기독교인이면 한 번 돌이켜 보는 것도 좋을 듯하다.

케노시스(비움)는 죽어서 비워지는 것이 아니라 죽기 전 비우는 것이 아닐까.

2021. 2. 7.

관상

코로나로 모두 정신이 없고 이 나라를 정치한다는 분들은 뭔 소리를 그리하는지 머리가 아프다. 여기에 '혜민'이라는 스님의 일상이 공개되어 많은 사람이 놀라고 있다.

혜민 스님에 대해 잘 알지는 못해도 미국에서 공부도 잘했던 사람이 불교에 귀의해서 좋은 글도 쓰고 일반인 사이에서도 인기가 무척 높은 분으로 알고 있다. 불자로 얼굴이 무척 선하게 생긴 전형적 관상을 가진 것으로 보인다. 이분이 무슨 남산 보이는 집에 사는 것이 문제가 되는 것 같다고 한다.

한국의 종교계에 대형 자동차에 기사를 둔 스님이나

목사들이 어디 한두 분인가? 새삼 놀랄 일도 아닐 터인데 유독 이분에 내해 이슈가 되는 것이 무엇일까 나름, 생각해 보니 이분의 관상이 좋아서가 아닐까 추측해 본다.

성철 스님의 호랑이상과 무소유의 삶과 종교의 대화를 시도하고 '무소유'의 삶을 실천하고 돌아가시면서 화장하여 자신을 남기지 않은 법정 스님의 날카로운 이성적 얼굴과는 대비되는 얼굴을 가졌기 때문이 아닌가 생각해 본다.

우리나라는 종교 인구가 많은 나라임에도 불구하고 그 종교적 기준이나 정치적 신념의 확신에 논리적인 근거 없이, 자신의 깊은 성찰이 전제되지 않은 대상을 보고 믿는 경향이 없지 않다는 점이다.

정치에서도 전 법무부 장관의 얼굴이 좋아서 그 사람이 좋다고(선하게 생겼다는) 말하는 사람들도 의외로 많다. 10~20대 젊은이층이 아이돌을 좋아하는 것과 큰 차이가 없는 듯하다.

며칠 전 달라이라마가 한국 불교에 한 말씀은 깊이

새겨들어야 할 듯하다. 한국 불교가 불교 사상과 논리적 관점으로 더욱 깊이를 가지길 충고하는 메시지를 언론에서 봤다. 그리고 『반야심경』을 입으로만 암송하지 말고 그 의미를 더욱 새기라는 말씀도 곁들였는데 겸허히 받아들여야 하는 대목이다.

2020. 11. 13.

목사 찬스

오늘 올해 가장 강력한 태풍이 북상 중인데 그나마 조금 피해가 적다고 하니 다행이다. 수해를 입은 분들 하루빨리 정상회복 되기를 바란다.

출근 후에 코로나 확진자 수를 확인하는 것이 새로운 하루의 시작이 되었다. 요즘 사회적 거리두기 때문에 지인이나 친구 만나는 것을 자제하기에 소주 안주인 정치 이야기 등을 모르겠다. 단지 그날 확진자 숫자에 따라 하루의 기분이 좌우되는 것 같다.

오늘은 그래도 확진자 숫자가 적어지는 듯한데, 8-15 교회 분들이 다시 광화문 집회를 곧 시작하고, 이제는 아예 전화기를 꺼서 방역의 추적을 피하겠다는 소리가 들린다.

정말 오늘은 뭔가 작심하고 말을 해야 할 것 같다. 요즘 '아빠 찬스', '엄마 찬스'라는 말에 무슨 이념 타령하며 뻔뻔하게 버티는 분들 때문에 복장이 터지는데, 이제 한술 더 떠 '목사 찬스'라는 말도 나오지 않을까 하는 우려 때문이다.

목사가 되면 자신이 '선지자' 혹은 '사도使徒'(Apostle)가 되어 모든 것을 간섭한다. 정치는 물론이고 심지어 "하나님도 까불면 나한테 혼난다"라면서 하나님을 자기의 부하쯤으로 여긴다. '목사 찬스' 남발하는 자들은 자신이 무척 하나님을 잘 아는 것 같이 설교한다. 그래서 모든 교인은 자기들에게 순종해야 한다. 하나님에게 순종하는 것이 자기에게 순종하는 것이라고 그럴싸하게 돌려댄다. 그래서 '팬티 목사' 이야기가 나온 것이다.

이것이 일부 목사의 개인적 성향으로 치부할 일인지 고민해 볼 필요가 있다. 한국 개신교의 난립된 교단教團과 검증 안 된 목사를 마구 양성하고 자신들의 교단 확대를 위한 자격증을 남발한 한국 개신교 전체가 그 원인의 중심에 있다는 것이다.

목사 10만 시대, 교회 운영 재정이 약한 미자립未自立 교회가 진제 교회의 80%, 이게 오늘날의 개신교 교회 현실이다. 이 '목사 찬스'는 자신들이 대접을 받아야 하고 돈도 벌어야 한다는 것이다. '목사 찬스' 목사들 자식 치고 해외 유학 안 보낸 사람 있는지 궁금하다. 그래서일까? 집회에 미국 성조기는 왜 그렇게 흔들어 대는지.

종교 권력은 기득권으로 드러난다. 한국 개신교 위기의 본질은 '목사 찬스'를 제어할 교회의 시스템이 부재不在하기 때문이다. 돈 많고 교인 많은 교회 목사에게 교단이 감히 치리治理한다는 소리를 들어보지 못했다. 그러니 각자도생의 '목사 찬스'가 남발되고 있다.

70년대 서슬 퍼런 군부독재에 대해 저항을 한 개신교 목사님들의 얼굴이 눈에 선하다. 그들은 당시의 민중의 고통에 대해 외면하지 않고 자신과 자신의 가족까지 고행을 감내하면서 민주주의 발전을 위해 희생을 했던 분들이 현재의 '목사 찬스'에 얼마나 오열을 할까.

교회 열심히 다니시고 국가에 대해 걱정 많으신 어르신께도 한 말씀 드려야겠다. 국가가 무슨 빨갱이에게 먹힌다고 하는 소리, 이제 그만하기를 바란다. 만만한 대한민국 국민이 아니다. 그리고 젊은이들에 대해 걱정이 많다고 하는데 우리 젊은이들은 스스로 알아서 잘해낼 것이니 어르신 건강 먼저 챙기시라, 코로나도 심한데 당분간 외출 자제하시는 것이 진정한 애국이다.

2020. 9. 7.

자기기만

요즘 연일 언론에서 집값으로 난리이다. 강남 아파트 15억짜리가 30억이 되다니 정말 웃기는 쇼이다. 이런 집값이 세금과 대출 억제로 해결이 될지는 생각해 볼 문제이고, 먼저 우리 삶에서 '강남'과 '벤츠'에 대한 인식을 들여다볼 필요가 있다.

경제학에서 '자기과시형 소비'를 베블런 효과(Veblen Effect)라고 부르는데, 전통적으로 가격이 오르면 수요가 줄어야 하지만 예외적으로 '명품' 구매의 경우 자기만족을 위해 높은 가격의 명품을 선호한다는 이론이다.

우리나라의 경우는 한술 더 뜬다. 가계 부채가 1조 6

천억 원 이상으로 연간 부채 증가율이 세계 top이다. 코로나 사태 등 경제 수치가 악화 상황에서도 강남 집값이 오르고 벤츠 판매량은 증가하고 있으니 말이다.

2019년 기준 벤츠의 판매량이 연간 7만 대 이상이고, 이중 중대형 1억 이상의 E-class, S-class가 대부분이다. 시중市中에 떠도는 말로 중대형 벤츠 차량의 대수가 독일보다 한국이 더 많아서 벤츠를 '강남의 소나타'라고 한단다. 엄청난 거품에 대한 이유는 무엇인가?

이런 현상은 우리 사회가 '자기 기만적' 사회로 변했기 때문이다. 자신의 능력과 소신보다는 타인이 나를 어떻게 평가를 하는지가 중요한 사회의 평가 기준이 되었기 때문이다. 자신이 자신을 감시하는 사회, 즉 자신의 외양을 꾸며 위장하고 평가절상된 자신을 보고 싶어서 끊임없이 감시하는 사회이다.

합리적 소비가 아니라 자기 위장을 위한 강남 집과 벤츠를 선호하는 분위기는 기성세대만이 아니라 젊은 이들까지 물들어 이들도 '강남 집', '벤츠' 하니 안타깝다.

'샤넬' 등 하이브랜드 선호는 이런 '자기기만', '자기 감시'의 또 다른 사례이다. 국내 가격을 다른 나라보다 터

무니없이 더 인상 시켜도 소비자의 '자기기만' 시스템이 작동하여 합리적 구입이 아닌 호구 짓을 하고 있다.

강남의 아파트값 폭등에도 이러한 동일 시스템이 작동하고 있다는 것이 문제이다.

강남 아파트 구조와 강북 아파트 구조가 크게 다른 것이 있을까? 문화적 혜택의 차이가 얼마나 난다고. 다 웃기는 소리이다.

우리 사회의 사람 평가 기준이 이렇다. "어디 살아요? 나이는? 어디 대학 나오셨나요?" 어디 사느냐고 물어봤을 때 '강남'이라고 말하면 어쩐지 본인 신분이 높아진 줄 아는 것이다. '벤츠'를 타야 자신이 인생 성공했다 착각을 한다.

명심하자. 이제는 강남의 '자기 기만적' 인간들에게 속아 넘어가서는 안 된다. 은행 돈을 가지고 투기하는 촌놈들 다 강남에 모였다고 생각하고 그들에게 관심을 끊는 것이 강남 투기 세력을 막는 강력한 무기다.

2020. 7. 8.

예수운동

신학을 공부하면서 요즘 일부 교인教人들을 만나면 그들의 강한 신앙관에 때로는 답답함을 느낄 때가 있다.

내 생각이 틀리길 바라지만, 이들의 공통적 특징은 '믿음(信)의 경직성'이다. 어디서 이런 믿음에 대한 확신이 있는지 참 대단하다. 믿음의 경직성은 자신의 강한 성격도 있겠지만, 믿음에 대한 진지한 성찰보다는 특정 공동체(교회)로부터 받아들인 것에서 기인基因한 것 같다.

문제는 경직된 믿음으로 세상 바라보기는 자칫 세상에 대한 왜곡歪曲을 일으킬 수 있다는 것이다. 믿음은 정지된 것이 아니라 끊임없는 자아 성찰을 통해 발전되는 것인데, 자신의 종교적 믿음이 어떤 형식에 고착되고 그 관점에서 마치 앵무새처럼 반복되는 말을 하며 신앙의 수준을 드러낸다. 상대방의 마음을 전혀 헤아리지 못한다. 대화도 상호 간 이해 속에서 이루어지는 것이 아니라 자신의 믿음을 고집한다.

"세월이 흘러도 흔들리지 않는다"와 같은 고집과 자신의 주관적 '성령 체험'이 거의 유일한 무기로 타인에 대해 쉽게 '불쌍한 자'로 확정 짓는다. 이들은 "예수 믿지 않으면 지옥에 간다", "당신은 성령 체험을 하지 않아 신앙이 없다" 뭐 이런 기준인 듯하다. 비록 고상한 척해도 결국 이런 얘기이다.

예수를 믿는다는 것이 무엇을 의미하는지에 대하여 앵무새같이 대답하는 분들에게 주제넘게 한마디 해야겠다. '예수 = 부활 = 죄 대속代贖 = 구원'이 등식 그대로 예수를 믿으면 구원받는다고 생각하는 것은 엄청난 착각이라고 말이다.

이 앵무새 믿음은 소위 '교회 출석 믿음'으로 보인다. 교회 예배를 부정하는 것이 아니다. 다만 오로지 교회에 열심히 출석하고, 목사님 말씀 잘 듣고, 열심히 교인들하고 성서 공부하며 만족하여 '앵무새 신앙 틀'을 만드는 것은 '구원'을 위한 필수조건이 될지 몰라도 충분조건은 절대 아니라는 사실이다.

이와 같은 앵무새 믿음은 창조 세상, 21세기 인공지능의 시대, 코로나의 시대를 절대 해석할 수 없다. 30년 전 아날로그의 이분법적 '불신 지옥', '성령 체험'과 같은 폐기된 생각을 가지고 21세기적 예수운동을 하는 것은 (사실 하지도 않는다) 어불성설語不成說이다.

21세기의 예수운동은 극명하게 세상을 향한 것이지 교회를 향한 것이 아니다. "교회로 오라"가 아니라 "세상을 향해 나가라" 이것이 예수운동의 핵심이다. 그러므로 믿음의 근간은 '예수운동'에 동참하여 세상의 아픔에 동참하는 것이다.

예수운동의 본질은 갈릴리 호숫물 위를 걸으시고 병을 고치시는 이적異蹟의 행위만 믿는 것이 아니다. 가난한 자들의 아픔을 외면하지 않고 그들의 고통을 같이 아파하고 죄인과 세리와 같이 식사를 하면서 그들의 소리를 진심으로 경청하고, 불의不義한 종교 권력(당시의 바리새파 성전)에 대해 불같이 화를 내신 그 마음에 참여하는 것이다. 이것이 '예수운동'의 본질本質이다.

세상을 위한 기도를 해도 모자랄 판이지만 이들을 위해 오늘만이라도 정말 기도해야겠다.

2020. 6. 24.

르네상스적 탐욕

르네상스Renaissance는 '재탄생'이란 뜻으로 14~16세기 유럽의 문화, 예술 전반에 걸친 고대 그리스와 로마 문명의 재인식과 재수용을 의미한다.

인간의 누드nude 하면 지금도 왠지 부끄러운데 하물며 500년 전, 바티칸의 천장에 그려 넣고, 피렌체 광장에 성서의 위대한 인물 다비드를 완전히 벗긴 모습의 조각으로 세웠을 때 당시 사람들에게 얼마나 충격적이었을지 짐작이 간다.

우리가 작품 자체만 본다면 위대한 화가의 작품에 아

름다움, 균형감, 색채 등 어떤 이의異議를 제기할 수 있을까? 우리는 미주하는 직품과 작품이 탄생하게 된 배경(환경)을 구분할 필요가 있다. '역사'와 '역사적 환경'을 나누어 보는 시각이 필요하다는 말이다.

3.1운동의 유관순 열사는 역사이며 팩트fact다. 그러나 그 배경, 이것이 우리에게 어떤 의미가 있는지는 지금의 독자讀者 관점에서 다양하게 볼 수 있다. 이 다양한 과정은 지금의 환경과 역사의 만남을 새로운 해석의 근간, '역사적 환경' 안에서 대화하는 것이다.

르네상스 탄생의 배경이 되는 '역사적 환경'에서 빼놓을 수 없는 것이 '교회의 탐욕'이다.

노벨 과학상 수상과 같은 좋은 결과를 얻기 위해서는 연구할 수 있는 좋은 환경(연구소)과 그 일에 몰두할 수 있는 재정적 지원(finance supports)이 갖춰져야 하는 것처럼 르네상스의 위대한 작가 탄생에는 가톨릭교회와 교황의 '탐욕'이 도사리고 있었다. 바티칸을 화려한 작품으로 꾸미기 위한 면죄부 판매는 '르네상스의 욕망'에서 시작한 것이다. 종교개혁의 원초原初를 제공했던 '르네상스의 욕망'은 위대한 작품이 품고 있는 '역사적 환경'을 통해 '중세 서민의 고혈膏血'을 느낄 수 있다.

내일이면 선거가 마무리된다. 걱정되는 것은 승자의 도취감이다. 자신이 잘해서 승리한 것인지 상대가 못해서 승리한 것인지 알 수 없지만, 겸손치 않고 자신이 우월하다고 보는 끝없는 '르네상스적 욕망'의 시작이 되어서는 안 된다. 정치적 '르네상스적 욕망'은 항상 백성을 위하는 척 화려하게 치장을 하지만 실상 백성의 고혈을 바탕으로 하는 것이다.

일본 아베 총리는 코로나 사태로 경제가 파탄 나고 증상자가 급증해도 달랑 마스크 2장뿐이다. 병원 시스템은 마비되고 이 해결책은 "집에서 여유 있게 쉬면 된다"이다. 일본 국민이 달라져야 이런 리더가 생기지 않는다.

이번 코로나바이러스로 대다수 국민의 고통이 깊은

그늘 안으로 들어갔다. 실물 경제는 완전 바닥인 상태이다. 15일 선거와 코로나 확진자 수에 매달려 정신이 없어 참고 있는 대다수 서민들은 하루하루 버겁다. 선거와 코로나 확진자 수에 치중하고 우리 경제가 어디로 갈지 두려움에 서 있다. 내일 이후는 '르네상스 욕망'을 다 버려야 한다. 국민은 더 참을 인내력이 없다. 경제 파탄 쓰나미의 고통이 더는 가려져서는 안 된다.

2020. 4. 14.

상상력하기

일본이 코로나바이러스 때문에 올림픽 개최 여부를 두고 걱정이 많은 것 같다. 요즘 공항 검역으로 바쁠 '인천 공항'과 '나리타 공항', 두 국제공항의 이름을 한 번 생각해 보자.

20년 전 새로운 밀레니엄을 시작하면서 시드니 올림픽이 열렸다. 그 무렵 전 세계 구경꾼들이 시드니로 모일 때 시드니 국제공항의 정식 명칭이 '킹스 포드 스미스' 국제공항(Kingsford Smith International Airport)이라는 사실을 처음 알게 되었다.

뉴욕의 존 F. 케네디 공항은 케네디가 미국 대통령이

라는 것을 알지만 '스미스'라는 분이 누구인지 궁금해서 알아보니 태평양을 횡단한 '최초의 호주인'이라는 것이다. 세계 최초도 아닌, 호주인으로 최초라는 것에 그 당시는 그냥 우습게 생각했다. 다른 나라 사람들도 벌써 횡단했는데 뭐 이게 대단하다고.

그런데 가만히 생각해 보니 대단한 자존감自尊感이다. 남이 뭐라 해도 자기 나라 사람이 최초로 건너간 것이 자랑스러워 시드니 국제공항을 그의 이름인 '킹스 포드'로 작명하여 영원한 명예로 남게 한 것이다.

우리는 이런 자존감이 얼마나 있는지?

Step 1) 지명地名 '인천'에서 찾을 수 있는 '자존감'은 뭐가 있을까?

Step 2) 2002년 월드컵 상암동 월드컵 경기장을 이순신 경기장으로 했으면 그 당시 많은 외신 기자가 이순신 장군에 대해 기사화하지 않았을까?

국제전(실상 임진왜란은 동북아 국제전쟁)에서

"尙有十二 微臣不死", 그 당당한 모습, 왜선 330척을 한 방에 으깬 제독, 한국에 이런 조상이 있기에 한국의 우승을 예상합니다. 로이터 통신의 마이클이었습니다.

미국의 창의적 영화 제작자가 만든 미국 영웅담 이야기인 마블의 '캡틴 아메리카', '어벤져스 시리즈' 등은 전 세계 영화 애호가로부터 최근 10년간 3조 원을 벌어들였다. 시골 바위산인 러시모어산을 깎아 자기 나라 대통령 얼굴 4개를 조각하여 장사하는 후손답다. 자존감도 만들고 돈도 번다. 꿩도 먹고 알도 먹는 창의력이다.

우리도 봉준호가 있고 나라를 지키신 위대한 조상님들도 세시나. 방의 70%가 산이고 돌산 천지다. 인천 공항, 상암동 월드컵 경기장, 잠실 경기장은 일본 스타일(倭色) 지명을 사용한 것이다. 나리타 공항하고 뭐가 다른지. 세종대왕 공항, 이순신 월드컵 경기장, 안중근 경기장으로 바꾸자. 그리고 미국 대위(캡틴 아메리카) 능가하는 우리의 '김 대위' 하나 제대로 만들어 보자.

꿩(자존감)도 먹고 알(돈)도 먹고 마지막으로 남은 국물(애국)도 먹는 창의적 발상이 더욱 요구要求되는 시대이다.

2020. 3. 19.

인문학적 창의력 = 돈

주변에서 가끔 인문학이 돈이 되냐고 물어본다. 대박 작품을 연상하는 것인지 모르겠다. 지난 단상에서 창의력 계발에 대해 언급한 적이 있는데, 상상력이 어떻게 비즈니스로 연결되는지를 물어본 것일까? 비즈니스 상상력과 인문학적 상상력은 무엇일까?

'인문학적 비즈니스 상상력'은 몽상夢想 또는 미래의 꿈과 구별되는 철저히 경영적 마음의 소산으로 규정하고 싶다. 돈을 벌기 위한 상상력 연습이다.

파리 루브르 박물관에 있는 〈모나리자〉는 누구나 알

고 있는 레오나르도 다빈치 작품이다. 이것을 보기 위해 전 세계 관광객이 연간 1,000만 명 이상 방문한다. 800억 원 이상의 수익을 창출하며 작품의 가치는 40조 원으로 추정된다. 이 작품을 보기 위해 몇 시간 줄 서는 건 기본인데 감상 시간은 딸랑 몇 초, 사진 한 장 찍을 시간이 전부다.

자기네 나라 작가의 작품도 아닌 이탈리아 사람 작품을 가지고 돈을 벌고 있으니 이런 수지맞는 사업이 어디 있을까. 파리는 예술의 도시로서 특별한 노력도 없이 국가 브랜드를 상승시키고 있고 입장료 수익도 만만치 않다.

우리에게 〈윤두서 자화상〉이라는 출중한 작품이 있다. 요즘 잘 나가는 영화배우 송강호를 무척 닮은 것 같다. 그 얼굴에서 뿜어져 나오는 아우라가 대단하다. 붓의 놀림도 섬세하고 정교하다. 그 눈빛은 어디 조선의 선비 기개뿐이랴, 한국인의 강인한 모습을 대변하는 듯하다.

그냥 볼수록 빠져든다. 그런데 문제는 이 작품에 대해 아시는 분이 거의 없다. 이 작품을 감상하려면 땅끝

마을 해남까지 가야 한다.

이것이 왜 '작품'으로만 있어야 하는지 아쉽다.

Step 1) 모나리자는 '작품'인가? '상품'인가? 윤두서 '자화상'은 '작품'인가 '상품'인가? 하는 문제이다.

Step 2) 윤두서 '자화상'은 왜 해남에 있어야 할까? 근접성 좋은 경복궁에 있다면 누구든지 쉽게 볼 수 있고 외국인에게는 우리의 자존감, 예술적 가치를 고양高揚시키고 덩달아 국가 브랜드와 수익도 올릴 수 있지 않나 한다.

Step 3) 모나리자 이야기는 엄청 많은데 상대적으로 윤두서의 기개에 대한 다양한 인문학적 스토리텔링이 너무 빈약해서 아쉽다.

상상력하기 = 인문학적 스토리텔링storytelling = 국가 브랜드 향상 = 경영적 이윤profit, 이래서 윤두서 '자화상'이 '작품'이 아닌 '상품'이 되길 바란다.

이런 것이 인문학적 비즈니스 상상력이다. 이런 것이 없으면, 돈 벌 생각하지 마시라.

2020. 3. 16.

목사와 정치인의 공통점

힘든 세상 조금이라도 힐링하시라고 좋은 목사와 정치인을 상상해 본다.

1) 대형 승용차

대형 승용차나 외제 차를 모시는 분 · 가족, 혹은 수행비서를 두신 분 멀리하면 어떨까?

이들은 지하철을 한 번도 탄 적 없고 승차권을 어떻게 구매하는지, 개찰구를 어떻게 통과하는지 모른다. 걸어 다니면 건강에도 좋고 미세먼지 등 매연도 줄고 서민庶民의 목소리 자연스럽게 들어서 좋을 텐데. 그리고 정말 중요한 것은 추운 겨울이 왜 추운지 모르고, 자연속 하나님 음성 당연히 못 듣는다.

호주 시드니 올림픽 개회식이 끝나고 스타디움에서 제일 먼저 나온 분이 폴 키팅Paul John Keating 호주 총리였다. 멀리 있는 주차장으로 직접 가서 운전보조석에 타고 돌아갔다. 기사技士가 문도 안 열어주더라. 반면에 한국 방송국 사장님들은 복잡한 스타디움 입구에서 꼼짝하지 않고 기다리고 있다가 본인 찾느라 한참 고생한 기사가 문 열어주니 그때야 뒷자리에 타는 모습이었다. 이분들 나중에 다 정치하시던데.

예수님, 제자들 정말 무능하네요. 말(馬)로 바꿔드려야지.

2) 자녀 유학

목사 중 유독 자녀를 외국에서 유학시키는 경우가 너무 많은 것 같다. 애들 똑똑해서 보낸다고 하는 걸 뭐라고 할 수 있나? 다만 정말 공부 제대로 했는지 모르겠다. 갔다 오면 교회 물려주고.

정치인들도 자식 해외 유학시킨 분, 이중 국적 가지게 하여 군대 안 보내는 분, 서민庶民들은 상상도 못 하는 일이다. 우리 자식들만 죽어라 군대 가게 만들고.

예수님, 우리나라 아예 통째로 미국으로 편입시켜주세요.

3) 식사

말로는 서민 위한다고 시장에서 어묵 먹는 쇼Show한다. 한두 번 봐야 속죠.

반일反日운동 한참일 때 모 당 대표께서 회기 중 국회 앞 일식집에서 점심때 일본 술 청주와 함께 일식하시던데, 이분 이번 선거 안 나오니 맘대로 했나?

모 대형 교회 목사는 점심 한 끼에 20만 원 하는 호텔 출장 음식 먹는다는데 차라리 그냥 호텔 인수해서 십자가 하나 걸어놓고 매일 거기 출석해 편히 먹지.

예수님, 너무 힘들게 살 빼셨나 봅니다. 반찬 없는 빵 한 조각….

2020. 3. 4.

이단

3월 첫 주 월요일 TV에 웬 노인네 한 분이 나와 기자회견을 하는데 이분이 '신천지' 회장이란다. 기자회견장 뒤 우뚝 솟은 대문大門이 예사롭지 않아 보인다. 웬만한 기성 기독교 교단보다 큰 조직인 '신천지 예수 증거 장막교회', 신도 31만 명의 수장首長 대표, 어쩐지 오락가락하는 말투는 전형적인 노인네의 모습이 신천지의 화려하고 웅장한 대문과 대비된다.

이 대문大門은 "14만 4천 명만 영생을 얻을 자격이 있다"라고 소위 조건부 종말론 주장하며 재산을 바치고 가정과 가족을 포기하고, 오직 천국행 열차(영생)를 타기 위해 전도에 열을 올려 짧은 시간에 '최소 5,500억 재산과

31만 명 신자'를 만든 '신천지'를 상징하는 것 같다.

이분의 특기가 성서 약장수이다. 본인이 성서 마지막 부분의 책, 요한계시록을 완전히 해독한 유일한 사람 혹은 보혜사라고 한다. 요한계시록은 성서에 포함되는 것에 대해 당시 논란이 많았던 책이다. 내용이 너무 은유적이고 추상적이어서 해석하기 힘들지만 당시 로마 당국의 폭정과 로마의 멸망을 예언한 묵시록默示錄으로 평가하는 것이 현대 성서 신학자들의 공통적 인식이다.

문제는 이 계시록의 묵시를 교묘하게 짜깁기하여 '성서 = 진리'라는 인식을 가진 기독교 신자에게 화끈한(?) 주입注入으로 '신천지' 광신자로 전향하게 만든 점이다.

질문 1) 한국인 14만 명만 천국으로 간다니, 그리 째째한 하나님인가?

질문 2) 오직 물질(헌금, 자신의 재산 몰방)과 전도만이 영생?

오늘 문득 생각하는 것은 '이단'과 '사이비'의 규정은 주체가 누구인가 인데 기성 교회는 말할 자격이 없다.

사회의 '순기능順機能'이 이단 · 사이비의 기준이다. 바이러스 확산 방지를 위해 예배를 자제하는 것은 사회적 합의이며, 이러한 순기능에 반하는 일부 교회의 주일 대면 예배 주장은 '반사회적'이고 이단異端적이다.

20년 동안 세금 하나 내지 않으며 5,500억 원을 버신 이만희 회장은 자신의 실수를 대문 앞에서 절만 할 것이 아니라 바이러스 확산 방지를 위해 '마스크' 한 장이라도 내놓겠다고 해야 했다. 그러니 이단이지. 물론 세금 한 푼 내지 않는 대형 교회 목사님들의 '마스크' 한 장 내놓지 않는 행동도 별반 차이가 없다. 그냥 이런 두 조직 수장들의 행동을 '반사회적'이라고 말하고 싶다. 서로

이단이니 진리가 본인들에게 있다고 하기 전에 우선 사회성부터 키우시라고 말하고 싶다.

질문이 없는 신학, 의심이 없는 신앙, 현학적 믿음 강요를 통한 광신狂信, 이 종착에는 기성 교회가 '신천지'와 같은 이단 · 사이비를 숙명적으로 잉태한다는 것이다.

'신천지' 같은 이단 · 사이비의 소멸消滅은 한국 기성 개신교의 자성自省이 선행되어야 한다는 것을 아직도 모르는 듯하다.

2020. 3. 2.

성령(聖靈)과 마귀 그리고 돈

비가 촉촉이 내리는 화요일 아침, 이 빗물로 코로나 바이러스가 씻겨 갔으면 하는 마음이다.

재난 발생이야 어쩔 수 없지만, 피해를 최소화하기 위해 지금 대중적 만남 자제自制는 필수적이다. 지금도 광화문 집회와 '신천지' 단체의 지속적 비밀 집회가 걱정거리다.

광화문에서 "하나님, 까불면 나한테 죽어"라고 한 분은 "성령이 충만해서 자신도 모르게 한 말"이라고 한다. 이 와중에도 집회는 계속하라고 한다. 밀교密教 기독교 다단계 단체 '신천지' 교주는 신천지 신자 바이러스 확진자의 급증에 대해 '마귀의 역사'로 규정하면서 몰래 만나서 집회를 한다. 그래서 밀교密教가 아닌가?

성령(Pneuma)은 구약성서에 '루아흐 = 하나님의 영, 숨'으로 우리가 생각하는 그런 성령이 아니다. 공관복음의 '성령'은 예수 공생애와 관련되어 극히 제한적으로 언급된다.

본격적인 '성령'의 언급은 사도행전인데 무려 71번이 나온다. 오순절 성령 사건(행 4장)이 중심이지만 예수의 현존現存 후 부재不在(행 2장)와 재림再臨 사이의 기다림을 불안해하는 초대교회 신자信者를 위로하는 저자의 의도를 느낀다. 성령은 초대교회의 아픔과 대망大望에 대한 인도자이며 동력動力으로 생각된다.

서방 교회가 이천 년 전통과 교리의 확증 시간을 축적한 것에 비하여 성령주의가 한국교회의 급격한 성장 기반이었다는 것이다. 문제는 한국교회 성장의 명암明暗이 된 오남용誤濫用이다.

가장 큰 원인이 종교 권력자의 의도가 있음을 알아야 한다. 종교 권력 확보 및 유지를 위한 오남용이다. 환자에 있어 약도 오남용하면 문제가 생기듯이 광신자를 양산하며 부작용을 일으킨다. 매일 기도에 성령의 응답을 받는다고 하는 분이나 신천지 광신자가 영생불사를 외

쳐대는 동안 전광훈은 광화문에서 돈 거두기 바쁘고 이만희는 대궐에서 따스하게 지내고 있다.

김수환 추기경이나 평생 가난한 자를 위해 봉사한 마더 테레사는 이들과 대척되는 분들이다. 이분들의 공통점은 성령에 대해 참 모르는 분들이다. 김수환 추기경은 평생 자신은 하나님의 목소리를 듣지 못함(제대로 깨닫지 못했다는)을 고백했다. 성령의 목소리를 못 들어도 하나님을 사랑하기에 자신을 '바보'라고 불렀다. 테레사 수녀는 마지막 죽음을 앞둔 편지에서 "나에게는 침묵과 공허함이 너무 커 (예수님을) 보려 해도 보이지 않고 평생 간절히 그의 음성을 들으려 해도 듣지 못했다"고 고백하지만 얼마나 예수 사랑이 큰지 알 수 있다.

누가 진정으로 성령을 느끼는지 우리 스스로 물어볼 때이다.

제발 전광훈 같은 목사, 이만희 교주 같은 사이비 없게 성령이 도와주소서.

2020. 2. 25.

장학금

오늘 출근길 양화대교 위에서 본 한강과 하늘의 모습이 모처럼 맑고 파랗다. 매일 양화대교를 건너지만 오늘은 유독 지난 일들이 회상回想되는 날이다.

호주에서 10년 넘게 살다가 무기력을 벗어나기 위해 귀국을 결심하고, 서울에서 사업을 다시 시작하면서 우여곡절도 많았는데 벌써 15년이 지났다.

공부하고 군대 다녀와 세상에 뛰어들고 결혼하니 30년, 그 후 자식 키우며 집 한 채 마련하려고 30년, 내 나이대 친구들의 모습과 별반 다른 것 없이 대동소이하지 않을까? 다만 한국에 돌아와 시작한 첫 사업의 결과가 참담하여 일종의 '트라우마'로 남아있다. 아직도 회사가 망하는 꿈을 가끔 꾸고 있으니 원.

2007년 커피 회사를 인수했는데 회사 브랜드 이름이 그라찌에Grazie였다. 시간이 갈수록 더욱 크게 보이기 시작했다. '그라찌에', 바로 '감사'이다.

커피 판매점이 대부분 대학교 내부에 있다 보니 학생에 의한 매출인지라 수익금 일부는 학생들에게 환원해야겠다는 생각을 하게 되었는데 솔직하게 말해 하나님에게 욕심부리면 또 망할 것 같아서였다. 그리고 장학금을 기부해 온 지 어느덧 10년이 훌쩍 넘었다. 그런데 회사 브랜드 이름이 그라찌에(감사)가 아닌가. 참 묘하다는 생각이다.

그동안 장학금을 가정 형편과 학점을 고려하여 주는 편이었지만, 특별하게 일관된 기준 없이 주변에서 추천하거나 학교에서 요청하면 주었다. 오늘 처음 학교에 공문도 보내고 추천서도 받아서 '우촌인문신학연구소'의 명의로 면접을 통해 선발한 대학생 또는 대학원생 5명에게 학기 전액 장학금을 수여하기로 하였고, 두 분의 교수님이 귀한 시간을 내주셔서 면접을 진행하였다.

부모님의 힘을 조금이라도 덜어 드리려고 장학금 면접을 보는 대학생들을 보니 왠지 내가 '감사'하다는 마음과 함께 찡하다. 앞으로 이들의 멋진 인생을 기대한다.

지나온 인생 60년, 후반 30년 일만 하였으니 이제 은퇴할 나이지만, 앞으로 10년 정도 학생들에게 더 장학금을 주고 싶은 욕심이다.

세상이 각박할수록 미래 세대에게 거는 기대도 그만큼 커질 수밖에 없다.

2020. 2. 18.

기업인(企業人)

모처럼 눈(雪)을 보는 듯하다. 이제 서울에서 눈 구경하기가 쉽지 않은 것 같다. 어린 시절 처마의 고드름을 먹기도 하고, 애들 등 뒤에 넣기도 하고 눈사람을 만들며 놀곤 했는데 언제 그런 시절이 있었나 싶다. 그런 추위마저 아련하다. 추울 때 추워야 질병도 없는데.

이제 본격적으로 선거철이 시작되었는데 당명黨名이 하도 바뀌어 헷갈린다.

며칠 전 한 진보적 학자의 기사가 화제가 되고 있다. 그게 그렇게 흥분할 일인지 집권 여당이 고소하고, 비판을 받으니 고소 취하를 했다고 하는데 참 '웃기는 슬

픈 이야기'이다. 원래 정권을 잡은 집단은 항상 비판의 대상인데 왜 그리 발끈하는지.

사실 정치에 대해 이러쿵저러쿵할 마음은 추호도 없고 관심도 없다. 그들만의 리그 아닌가?

국민을 대변하는 국회의 인원 구성원을 보면 단박에 알 수 있다. 우리나라 현 국회의 출신 직업을 보면 정치, 관료 37%, 법조계 15.3%, 교육계 15%, 기업인 5%, 기타 28%이다. 소위 정. 관. 법. 교육계 출신이 다 해 먹는 구조이다.

우리나라가 기업인 출신이 5%인 것에 반하여 미국 하원의 경우 23.2%, 독일 의회 13.7%, 영국은 37.3%인 것과 비교하면 더 두드러진다. 현 미국 대통령이 '기업인' 출신인데 우리에게는 영 그렇지만, 지금 미국의 모든 경제 지표가 최고임을 알 수 있다.

반대로 일본의 경우 1993년 중의원에서 기업인이 14.4%였는데 현재 2.9%로 그 비중이 유일하게 떨어진 경우이다. 지금 일본은 '잃어버린 30년'으로 '국가 경제 부도' 상태이다. 이는 단순한 숫자 비교이지만 시사하는 바는 크다.

경제를 살리고 있다는 정부의 정책은 장하성과 김동

연에서 느낄 수 있다. 기가 막힐 노릇이다. 학생들에게 딸랑 낡은 노트 하나 가지고 수십 년 반복적으로 써먹던 분이 현실 문제를 풀 수 있다면 누군들 세상 모든 경제 문제를 풀지 못할까. 강남 땅값 오를 때 "강남에 살지 않으면 된다." 참 기가 막힌 해법이다. 이분 지금도 중국 대사로 잘 계신다.

우리는 막연히 '기업인'을 부정적 이미지로 본다. 돈 많은 재벌을 연상하기 쉽다. 잘 생각해 봐야 한다. 사실 '기업인'은 기업 정신, 즉 도전 정신, 창의성 그리고 실용주의(pragmatism)로 직원들과 상생하며 기업을 성장시킨 사람들이다. 4차 산업의 시대 이러한 창의력 인재가 국회로 들어와야 한다. 청년 공천도 좋다. 문제는 청년이 무슨 힘이 있나, 몇 명 데려와 부려 먹을 것을.

우리에게 '잃어버릴 30년'이 될까 무섭다.

"이제 좀 경제를 제대로 아는 기업인 출신을 공천해야 한다. 좀 먹고 살자."

2020. 2. 17.

"구원론", "소명론"

나는 신앙에 대해 어정쩡한 입장을 가진 사람인지라 교회를 열심히 다니는 분들은 나를 안타깝게 생각한다. 신앙생활을 제대로 하라고 하지만 틀린 얘기도 아니어서 딱히 반론하지는 않는다. 종종 교인教人들과 다음과 같은 대화를 하는 경우가 있다.

질문 1) 교회 다니시나요?

① 네(신자입니다) ② 아니요

질문 2) 왜 다니시나요?

① 예수 믿으면 구원 받습니다. ② 그냥요

질문 3) 구원이란?

① 천국 가서 영생하는 것입니다. ② 그냥요

위 질문에 대하여 모두 ①번이 정답인 것에 이의異議를 달 교인은 없을 듯하다.

질문 5) 당신을 이 땅에 오게 한 것은 다 하나님 뜻이 아닌가요?

① 예 ② 아니요

질문 6) 하나님이 당신을 이 땅에 보낸 이유는?

① 믿기 위해서 ② 교회 다니기 위해

단, 마지막 질문 6)에 대한 대답은 쉽게 하지 못한다. 교회에서 '신자 = 교회 = 구원', '예수의 값없는 대속代贖'만 강조해서 그냥 교회만 열심히 다니면 구원을 받는다고 생각해서 그런지 말이다.

굳이 철학자 '데리다'의 구원 · 불신, 천국 · 지옥의 이원론적 개념 해체(deconstruction)를 통한 현실적 종교 권력 메커니즘 작동에 대해 설명을 안 해도 '예수 제자

= 신자'의 의무(召命)에 대해 잘 인식하지 않는 것에 그저 놀라울 따름이다.

예수께서 이 땅에서 몸소 실천했던 일, 갈릴리 지역의 가난한 병자에게 의사 노릇을 하시고 살림이 녹록지 않은 그들과 어울려 함께한 밥상공동체의 모습, 이것이 우리가 가야 하는 예수 제자의 여정旅程(소명)임을 성서에서 쉽게 찾을 수 있다. 예수께서는 구약성서 레위기 19장 17절 "네 이웃 사랑하기를 네 자신과 같이 사랑하라"를 몸소 실천하신 분이다.

자식을 명문대 보내기 위해서가 아니라 자식의 인성을 제대로 키우는 것, 부자가 되는 것이 아니라 부자가 되어 주변에 힘든 자를 배려하는 것, 이것이 '소명召命'이다. "교회 다녀 예수 믿고 구원받자"에 머물지 말고 "예수 제자로서의 삶을 살자"로 패러다임 전환이 된다면 이 세상이 좀 더 '하나님 나라'에 가까워지지 않을까?

질문 6)의 대답은 이렇게 간단하다.

2020. 2. 10.

"미스코리아"와 "삼위일체"

어린 시절 흑백 TV에서 본 '미스코리아' 대회는 참 대단했다. 수영복을 입고 높은 힐을 신고 당당히 걷는 미인들의 자신에 찬 아름다운 모습을 보면서 어린 사춘기

시절 나의 가슴은 쿵쾅거렸다. 영예의 왕관을 쓴 '미스코리아'는 그 당시 어떤 연예인보다 더 높은 선망의 대상이었다.

한국전쟁을 겪은 후 하루하루 살기 힘들었던 1957년 '미스코리아' 대회가 처음 열렸다. 가정마다 TV가 제대로 없던 시절 동네에 어른부터 아이들까지 다 같이 모여 흑백 TV 속 미인들의 모습을 보는 것은 당시 인기 드라마 '여로'에 버금가는 다른 설렘이었다.

남녀평등 시대의 수영복 심사가 부적절하다는 지적 때문인지, 아니면 이제 흔한 일상의 모습이라 '미스코리아' 대회의 차별성이 떨어지는지 지상파TV에서는 이미 자취를 감췄지만, 나에게는 그 시절의 아름다움에 대해 몇 안 되는 추억 중 하나이다.

오늘 조금 더 생각하고 싶은 것은 사실 미스코리아가 아니라 그 수상자의 등수 명칭에 대한 것이다. 1등 진眞, 2등 선善, 3등 미美로 그냥 순위에 따른 명칭이 세월이 지나면서 그 의미가 더욱 가슴에 다가오는 것은 우리 삶 자체가 바로 '진 · 선 · 미'를 지향指向하기 때문인 것 같다.

기독교의 중요한 교리로 하나님과 예수 그리고 성령에 대해 삼위일체三位一體론이 있다. "본질(Essence)은 하나이고 위격(persona)이 셋이다." 사실 신학을 전공한 나도 참 이해하기가 쉽지 않음을 고백한다. 이 문제는 초기 기독교 교부들의 논쟁이 있었고, 지금도 신학적으로는 쉽게 정리되지 않는 난제難題이기도 하다.

우둔한 머리로 이해가 쉽지 않지만, 어린 시절 봤던 '미스코리아' 대회의 '진 · 선 · 미' 같은 것이 아닐까? 하나님이신 진眞, 이 땅에서 우리를 위한 예수님의 선한 행동 선善, 우리가 이 땅에서 할 행위가 마땅히 아름다운 것임을 가르치는 성령은 미美 그리고 이 모든 것의 본질은 "우리를 사랑하신다"가 아닐까?

또 이런 생각을 해보기도 한다. 선풍기의 날개 3개 각 이름이 '진 · 선 · 미'인데 각 날개가 돌아가면 형체는 안 보이면서 '시원한 바람'을 일으킨다. 이 바람의 본질은 '바람 = 사랑'이 아닐까? 한신대학교 설립자 장공 김재

준 목사님이 "하나님은 범우주적 사랑의 실체"라고 하신 말씀이 이렇게 '바람 = 사랑 = 범우주적 사랑의 실체 = 하나님'으로 연결해 보면 무리일까?

21세기 격변의 4차 산업의 시대에 그래도 변하지 않는 것은 '자신을 찾는 것(眞), 내 이웃에 대해 선한 행동(善) 그리고 내 실천을 통한 내 내면의 아름다움(美)'을 극대화하는 것이고 이것은 인문신학의 목적일 것이다. 그리고 그 결과는 사랑이 가득 찬 '하나님 나라'의 도래到來이지 않을까?

2020. 2. 6.

3부

군주민수(君舟民水)

여권 대선 승리

대선이 4개월 남짓인데 현재 정치적 풍향은 중도층이 점점 야권 쪽으로 응집하는 모양새이다. '대장동 게이트' 비리 태풍, 1조 8000억 원의 개발 이익과 관련된 비리에 대해 고구마 줄기가 엮어 올라오고 심지어 '건달'의 '양심선언'까지 등장하고 있으니 원….

성서聖書에 '땅'에 대한 문제는 구약성서 전반에 흐르는 기조基調이다. 아브라함의 가나안 이주, 출애굽 40년 모세와 여호수아의 대장정隊長征, 이스라엘 멸망에 의한 바벨론 유수 등 결국 '땅'과 관련된 이야기이다. '대장동' 원주민이 오히려 선대先代부터 지켜온 땅을 하루아침에

헐값에 강제로 빼앗겼으니 얼마나 속이 터지겠는가.

작년 4월 총선, 여권에 180의석 여당의 승리로 몰아준 K-방역에 대한 국민의 평가에 대해 의기양양하던 여당이 일 년도 안 된 올해 4월 서울, 부산 핵심 지자체장 보궐선거가 여당 참패 이유가 된 것은 "LH 사건", 즉 '땅'에 대한 것이기에 표심票心이 움직인 것이다.

이 결과에 대한 민심을 자세히 분석하면 각 진영陣營의 확고한 지지층은 어떤 경우도 거의 변함이 없으나 전체 투표자의 20~30% 중도층 민심이 상황에 따라 냉정한 표심으로 드러내는 것으로 볼 수 있다. 최근 여론조사에서도 '대장동 게이트' 사건에 대해 중도층 표심은 거의 '특검 수사'를 찬성하고 있다. 현 '김오수 검찰'의 수사가 여권의 눈치를 보고 있는 것으로 느껴지고 있고 때문이다. 내년 3월 대선까지 이런 대형 비리의 의혹에 대해 대충 넘기는 것은 '대선 승리', '정권 연장'이 불가능하다.

지금 물타기식 여권의 맞대응 출구 전략으로 야권 유력 주자走者에 대한 '고발사주' 풍선 띄우기와 주변 장

모와 부인의 케케묵은 사건은 그가 지금 자신의 검증되지 않는 자신의 능력보다는 여권 비리에 대한 '반사체'임을 직시直視해야 한다. 여권의 무능이 그를 만들어 주었음에도 지금 뭐 하나 시원하게 나온 것 없는 조족지혈의 '고발사주' 상황은 낡은 라디오에서 나오는 음악 같은 소음으로 중도층을 더 짜증나게 만들고 있다. "야권 누가 나와도 지금 여권 대선 주자를 이긴다"는 여론조사가 이 짜증을 반영하는 듯하다.

결국 이런 결과는 야당이 유능해서가 아니라 여당의 진영논리 고집과 대안代案 부재 때문이다. 여당의 강경세력이 반개혁의 중심에 있기 때문이다. 이들의 논리를 거부하고 결국 내년 4월 대선 승리의 비결은 정도正道를 걷는 원칙적 행동이다. 지금 이 길의 유일한 방법은 대통령의 신속한 '특검 수사' 결단 지시다. 대통령이 역사에 살기 위한 신앙 고백적 자세를 가지면 된다. 자신이 누구보다 죄인이라는 신앙적 자세로 비리에 연루된 자者를 가감하게 척결하고 '땅'을 빼앗긴 원주민을 위로해 주어야 한다.

토건 세력, 여야의 기생 정치인 및 지방정부 무능 공

무원, 국가 기강을 흔드는 돈에 눈먼 법조인 등에 대한 어떤 관용이 없는 신속한 비리 척결은 분명히 내년 대선 전 중도층이 손뼉 치며 다시 돌아올 것이다. 이것이 정권 연장, 여권의 유일한 필승 전략이다.

2021. 10. 25

상상력하기(2)

대학 경영학과가 한때 인기 높았던 이유가 졸업 후 기업인企業人 되어 돈 많이 벌기 바라는 마음이 아닐까. 기업 경영 목표가 기본적으로 "회사의 이윤 극대화", 요즘에는 "기업의 사회적 환원還元"이라 돌려 얘기하지만 그게 그거다. 그러니 정치인이 정당政黨을 통한 '정권 장악'은 "국민을 위해"라고 하지만 다 권력에 취하고 싶은 마음과 같지 않을까?

'상품학' 수업 시간, 학생들에게 '짜장면, 월남 국수, 스파게티'의 사진을 보여주면서 비싼 순서를 매겨보라고 물어본 적이 있다. 대답은 대체로 짜장면이 제일 싸고 다음이 월남 국수 그리고 스파게티가 제일 비싸다는 반응을 보였다. 그래서 다시 물어보았다. 왜 짜장면이 제일 저렴하게 생각이 드냐고? "가만히 생각해보라, 밀가루 가격(원가)은 대등소이對等小異하지 않은가" 물어보면 학생들이 좀 당황하는 얼굴이다. 이유는 뭐 시켜 먹으면서 밀가루 가격 생각하면서 먹지는 않는다는 듯한 얼굴들이다.

'스파게티'하면 왠지 서구적이라서 비싼 것인가? 그런 가격 인식認識은 사실 자신이 스스로 만든 것이 아니라 누군가가 심어준 것에 불과한 것은 아닌지 하는 물음이다. 상표 가치(Brand Value)를 높이기 위한 각 진영陣營(회사, 정당)의 처절한 싸움은 고도의 마케팅 기법을 통해 우리 소비자 인식을 지배할 수 있다는 설명을 위해 던진 질문이었다.

요즘 코로나 불경기 속에 정치의 양 진영은 자신의 영역 극대화를 위해, 구매 위치(position)가 애매한 '월남 국수' 선호 소비자에게 마케팅을 극대화하여 서로 자기 것 먹으라고 난리를 치는 모양새이다. 물론 소비자인 국민이 잘 판단 선택해야겠지만 짜장파派와 스파게티파派의 과열로 소비자를 둘로 나누게 하는 선택 강요에 엄청 스트레스를 받고 있다. 사실 짜장을 먹든 스파게티, 월남 국수를 먹든 우리가 알아서 선택할 능력이 있으니 너희들은 정직하게 잘 만들기만 하라는 것인데, 이들의 욕심이 끝없어 상품에 대한 신뢰도信賴度를 의심하게 하고 있다.

결국 '성남 분당구 대장동'에 위치한 짜장면집에서 대형사고가 터지는 듯하다. 재료를 싸게 독점 받아서 엄청 폭리를 취했다고 난리다. 위생은 엉망이고, 인공 첨가제는 절대 사용치 않았다고 광고했는데 나중에 알고 보니 인공 첨가제가 맛의 비결이었다는 것이다. 사장은 이 사실을 전혀 몰랐고 식당 매니저가 중간에 조금 장난을 친 것 같다고 하지만 정작 본인의 책임은 없고 자기는 열심히 소비자를 위해 일했다며 최근 전국 짜장면 협회 회장으로 당선되고 곧 전국 음식 대표자(?)가 되겠다고 한다. 그렇다고 우리 현명한 소비자인 국민이 외식外食에 짜장면, 월남 국수, 스파게티 어느 하나에 편식

偏食할 일은 없을 것이다. 상황에 따라 잘 판단해 먹겠지만 이번 주말은 그냥 '대상농 짜장 집' 사건 하루 잊고 가족과 오손도손 대화하면서 행복과 즐거움(Joy)을 찾기 바란다.

기독교적 성령(Spirit) 체험과 식구食口를 통해 우리 내면內面의 즐거움(Joy)을 느끼는 것은 동일同一하기 때문이다.

2021. 10. 21.

국방의 힘

최근 예비역 장성께서 본인의 저서 『강군의 꿈』을 주셔서 읽으면서 국방에 대해 좀 더 생각을 가지게 되었다. 책에서 클라우제비츠(Vom Kriege)의 문구文句 "전쟁은 자국의 의지를 타국이 받아들이도록 강요하기 위해 극단적 폭력 행사를 하는 정치적 행위"가 유독 눈에 들어왔다.

일제日帝의 침탈侵奪로 나라를 잃고 해방되자마자 6.25 전쟁으로 수많은 인명과 재산 피해의 고통을 당했고 나라가 두 동강이 났다. 그런데도 아직 한반도를 둘러싼 군사적 위기감은 더한 듯하다. 남북의 대립, 남중국해 및 대만에 대한 중국과 미국의 군사충돌 위기, 독도에 대한 일본의 야욕, 이어도 및 해상 교통로에 대한 중국의 위협 등 급변하는 주변 정세는 언제 전쟁이 일어나도 이상하지 않다는 점이다.

과거 김영삼 대통령이 독도를 갖고 도발하는 일본을 향해 "버르장머리를 고치겠다", 이승만 대통령의 '북진통일론'을 외칠 때는 일본 해상자위대와 비교 불가한 근해近海를 겨우 순찰할 수 있는 미국 원조 낡은 함선이 전부였던 시절이나 해방 직후는 소총 정도를 가진 경비대 수준의 국군임을 고려할 때 허황한 외침이며 당시의 대국민용對國民用 정치적 행위에 불과하다.

이제 우리는 국방비를 GDP 대비 2.7%, 매년 50조 원 정도를 투입하고 있다. 이 규모는 OECD 국가 중 미국 다음이다. 일본 GDP 1%의 자위대 예산과 비슷하다. 현재 세계 군사력 6위(일본 5위), 군사 장비 수출 금액 기준 세계 10위권이며 해상의 이지스함과 경항모, 국산 4.5세대 K-21 전투기 생산, 국산 자주포 K-9과 막강한 K-2 탱크, 현무 4 미사일 등 격세지감隔世之感이다. 미사일 사거리 제한이 풀렸고 향후 전작권 및 원자력 사용마저 풀리면 주변국 누구도 쉽게 보지 못할 막강한 힘을 가질 수 있을 것이다.

그런데 문제는 이런 장비를 잘 운영할 인적 자산의 질적 수준이 같이 올라왔는가 하는 점이 걱정이다. 강한 군대는 장비 하드웨어Hard ware와 더불어 운영 소프트웨어Soft ware가 존재할 때 이루어진다. 역사는 결코 무기武器만 가지고 승리가 결정되지 않음을 증명한다. 군의 정신, 사기使氣 그리고 어떠한 전투 상황에서도 탁월한 판단을 할 수 있는 지도자의 지휘력도 중요하다. 다부동 전투에서 1사단의 후퇴를 막은 백선엽 장군의 판단은 당시 전세를 역전시키고, 남의 땅에 참전한 미군들에게 조국을 위해 분투하는 한국군의 기세를 다시 평가하게 하는 터닝포인트Turning Point였다.

지금 국방부 장관이 벌써 6번 사과를 했다. 이분은 출근하면 사과 성명서를 작성하는 것이 일인가? 문무대왕함 파병 군인들에게 코로나 백신 계획이 아예 없었다는 것은 전쟁에서 탄약 없이 그냥 가서 죽으라고 한 것과 무엇이 다른가? 코로나 격리 병사에 대한 '부실 급식' 사진을 보니 더 할 말이 없다. 전장戰場의 다양한 상황을 대비해야 하는 군軍이 조족지혈의 코로나 상황에서 내부 시스템이 작동하지 않는다는 것은 큰 문제다. 군기는 둘째치고 군대 내 성폭행이 무엇을 말하는 것인지 그리고 그것을 내부적으로 조직적 은폐까지 하는 것을 보면 무슨 끝장 드라마를 보는 것 같다.

적을 바라보는 눈빛이 죽은 장수將帥와 딴짓하는 군주君主는 더 이상 필요 없다.

2021. 7. 21.

지도자 기준

모처럼 주말 하늘이 유난히 청명한 가을 하늘 같아 답답한 마음을 조금 풀 수가 있었다. 맑은 국가의 지도자를 잘 뽑는 것도 우리 삶에 매우 중요한 것이니 나름 흔들리지 않는 기준을 정하는 것도 좋을 듯하다. 3대 중심 키워드 '백신, 집값, 가족.'

1) 국가 경영 경험(백신, 집값)

누가 대통령직 수행에 적합한 분인지 찾기 위해서는 그분의 조직 장악 능력, 조직의 효율성, 조직원의 자기 업무에 대한 자부심과 적극적 업무 수행을 위해 분위기를 조성할 수 있는 지도자를 봐야 하지 않을까? 결단이 필요할 때 결단을 해 줄 수 있는 지도자였으면 좋겠다.

비전문가, 편향된 시삭의 정치인을 국가 경영에 등용시키는 일을 지켜보았다. 부동산 가격 폭등과 부동산 정책의 남발, LH 직원 땅 투기는 양념인가? 검찰 개혁을 목적으로 일 년 이상 조사한 결과가 동아일보 기자 무죄 판결이다. 교도소 행정 엉망으로 재소자 코로나 확진 사망의 원인에는 그 흔한 마스크조차 준비하지 않아서이다. 오늘은 청해부대 파견 문무대왕함의 승무원에게 백신 주사를 놓지 않아 301명 중 247명(82%)이 감염되어 임무 수행을 못 하고 돌아온단다. "백신 수급 전혀 차질 없다"라는 앵무새 같은 소리는 정말 지겹다. 밀폐된 좁은 공간의 함선은 코로나 초창기 일본의 다이아몬드 프린세스 유람선 보다 더 열악한 환경이다. 이걸 반면교사로 삼지 않는다니 정말 무슨 막가파인가? 국방 전투력 손실은 어느 것과 비교할 수 없다. 백신의 우선 공급 대상자 중에서 당연히 국방을 지키는 군인이라는 것에 누가 이의를 제기할 것인가?

2) 지도력 자질(소신과 결단)

국가 경영에는 수많은 일이 예기치 않게 발생할 수 있다. 그러나 같은 사안이 연속적으로 발생하는 경우는 지도자의 철저한 무능력 탓이다. 실수를 사과하지 않고 오직 좋은 일에만 나타나는 리더는 뽑아서는 안 된다. 중국 백신의 효용이 없다고 하는데도 입국 시 중국인들은 자가 격리 면제를 해 준다고 한다. 초창기 중국 바이러스가 창궐했을 때 중국인 입국을 방치放置한 것과 뭐가 다른 것인가? 계속 방역에 큰 구멍이 난 것이 아닌지 염려가 된다. 천안함 침몰의 원인이 누구인지 제대로 말 못 하는 것과 중국에 대해 왜 이리 말 못 하는지 오버랩overlap 되는 지도자는 뽑아서는 안 된다.

오히려 반사체 리더를 생각해 보면 복지부동, 눈치 보며 열매만 먹고 꽃길만 가려고 하는 인간들 틈에서 굽히지 않는 소신과 결단 때문에 이루어진 반사체이다. 꽃길 가는 인간이 친일적親日的인지, 부정한 권력에 반기를 든 사람이 친일적인지?

3) 가족

솔직해지자. 돈 많고 예쁜 부인 만나는 것은 남자의 로망이지 않나? 한발 양보해 봐라. 프랑스 사르코지 부인 카를나 부르니의 과거 직업이 대통령직 직무 수행에 무슨 방해요소가 되는지 모르겠다. 부인이 돈이 많으면 부정한 짓 강요하지 않을 것이요 자식이 없다면 자식의 스펙 걱정 그리고 그 자식의 못된 짓 걱정할 필요도 없다.

2021. 7. 19.

공정을 위해

최근 대선주자들 사이에 학위 표절 시비에 대한 상호간 검증을 요구하고 있는 것을 보면서 우리 사회의 과거와 현재의 한 단면을 담고 있는 듯하여 씁쓸하다.

이것을 보면서 느끼는 것은 자신의 욕망이 끝없는 갈망渴望으로 변질하는 모습을 드러내고 있다는 것이다. 강남에 살아야 하고 엄청난 학원비가 대학 진학을 결정하고, 이런 능력은 자식의 실력이 아닌 자신의 실력이며 애들의 숙제를 엄마가 다 해 준다는 말은 이미 우리 사회의 고전古典이 되었다.

최근 정치판에 이런 변이 모습이 보인다. 정치하는 분들이 석 · 박사 학위가 왜 필요한지? 현재 재판 중인

전 법무부 장관의 자식 스펙 조작으로 나라를 뒤집어 놓은 것도 그렇고, 지금 당장 코로나로 먹고살기도 힘든데, 이놈의 학위논문 표절 시비는 무슨 단골 메뉴인 듯 툭하면 쏟아져 나온다. 학벌을 내세워야 하는 세상, 박사 학위 표절, 참 불쌍한 우리 자화상自畵像이다.

늘어난 국가 채무, 집값 폭등에 맞물린 과도한 세금 인상, 곧 다가올 인플레이션과 금리 인상은 이 모래 위의 버블bubble이 언제 갑자기 무너질지 모를 위험에 처해 있다. 당연히 내년 대선大選의 화두는 코로나로 인해 침몰한 살림살이를 어떻게 극복할 것인지에 있지 않을까?

그런데도 요즘 정치권의 화두話頭는 '공정'인 듯하다. 여야를 불문하고 이구동성으로 '공정'을 외치는 것을 보면 경제적 문제보다는 우리 사회가 공정하지 않은 사회라는 것이 더 관심인 듯하다.

'공정과 상식' 혹은 '공정과 정의'를 외치니 오늘 이런 제안을 하고 싶다. 그냥 대학을 없애는 공약 좀 하시라. 그러면 학위 표절 시비도 없어지고 대학 학벌도 없어지지 않을까?

이러면 공정해지지 않을까.

실상 지난 2년간 비대면 대학 강의가 별문제 없는 것을 보면 별 도움 안 되는 강의를 굳이 등하교 시간, 교통비 낭비하면서 학교에 갈 필요가 있을까 하는 생각이 든다. 차라리 유명 교수의 비대면 공개 강의가 더 유익하지 않을까 생각해 보면 굳이 4년 긴 세월 대학을 다닐 이유가 없는 것 같다.

사실 대학답지 않은 대학, 즉 학생을 가르칠 능력이 안 되는 대학이 수두룩하기 때문이다. 여기 졸업한 착한 학생들이 이들 대학의 졸업장을 가지고 취업과 자기 인생을 설계하기 힘들다면 과연 이런 대학이 존재할 필요가 있을까? 청년에게 미래를 제공해주지 못하는 대학, 이런 대학은 공정의 관점에서도 기득권 집단의 존재에 불과하다. 아울러 청년들의 귀한 시간 4년을 방치시키는 것은 엄청난 국가적 자원 낭비이다.

네덜란드 신학자인 아브라함 카이퍼가 말한 "하나님이 인간을 평등하게 창조하지 않고 다양하게 창조했다"라는 의미는 다양성을 극대화시킬 능력이 없는 대학은 오히려 21세기적 '공정'의 기회를 방해하는 대학이라고 해석할 수 있다. 당연히 박사 학위 표절도 없어지겠지만….

2021. 7. 13.

오타쿠 변이(變異)

'오타쿠'(オタク)의 의미는 90년대 일본의 특정 취미를 가진 집단에 대한 긍정적 표현으로 시작하여 차츰 일본 경제의 90년 말 이후 장기적 침체를 겪으면서 사회적 부적응을 겪는 세대를 일컫는 말로 알려지고 있다. 30~40년의 세월 속에 변종變種이 바로 일본의 넷net 우익右翼이라 불리는 집단이다. 소위 그들은 실체를 드러내지 않으며 편집증偏執症을 보이는데, 과거 화려한 일본과 식민지 한국에 대한 이중적 자세를 취하면서 일본 자민당 보수 정치와 연결되어 독도 영토 주장, 신사참배, 일본 군국주의의 우상화 등 일본의 주류 세력으로 부상한 느낌이다. 아베 정권이 이를 교묘히 이용하며 혐한론嫌

韓論에 기대어 정권을 유지하였으나 그 결과는 참혹하게 침몰하는 일본이다.

이런 '오타쿠 변종'이 최근 한국에도 일어나는 것이 아닌가 하는 점이다. 이 변이의 공통적 특징은 첫째, 경제 성장의 그늘에서 발생한다는 점이다. 일본은 90년대 이후, 한국은 최근의 경제적 침체기를 겪으면서 사회적 문제에 대한 자신의 주관적 신념信念이 거의 맹신적 신념의 태도를 나타내면서 편집증적인 모습을 띠고 있다.

둘째는 이러한 편집증적 생각과 행동이 인터넷이라는 환경에서 상대방과의 대화를 단절하고, 익명匿名의 그림자 속에서 자신들이 무슨 전사戰士 혹은 민주주의의 수호자로 스스로를 착각하는 '망상장애'를 하고 있다는 점이다.

이들의 시작은 아마도 90년대 이후 일부 연예인의 이탈에 대한 비판으로 시작된 것이 아닌가 생각이 된다. 사회의 공공성을 빙자하여 실수한 연예인에 대해 가히 무차별적 언어폭력을 사용해도 사회와 언론으로부터 크게 문제가 되지 않고 때로는 반대로 대중으로부터 인정을 받는 카타르시스적 희열을 맛보면서 성장한 것이다.

그러나 이런 개인에 대한 인격 살인은 사회적 책임을 성찰하는 깊은 담론이 형성되기 전에 독버섯처럼 급격히 확장하는 모습을 보였다. 확장의 배경에는 정치 권력의 방종도 한 몫 크게 했다. 혹은 이를 이용하는 태도를 보였다. 정치 권력은 항시 여론을 조작하는 유혹을 가지고 있었기 때문이다. 이미 이전 정권의 기무사 여론 조작, 현 경상남도 도지사의 드루킹, 댓글 조작 사건은 이미 1심 유죄를 받은 상태로 현재 재판이 진행 중이다.

요즘 실체가 모호한 '문빠'라는 변종도 집권당의 일부 강경파에 의해 이들이 마치 무슨 민주주의 언로言路라도 된 듯 포장되고 있다. 사실 일본 자민당과 '일본회의' 그리고 '넷우익'의 아바타를 보는 것 같다.

법치를 무시하고 공정과 정의는 화려한 언어의 구사일 뿐이다. 이제는 실체를 드러내고 무분별한 욕설과 반지성적 행위로 오프라인에서도 막가파 짓을 하고 있다. 어제 대선 후보로 거론되는 사람의 조상 묘를 훼손

하는 행위를 접하면서 마치 왜정倭政 시절 아름다운 조국 산하의 정기를 막는다고 대못을 쳤던 일본의 만행이 연상되는 것은 과한 억지일까?

'코로나 변이'와 '오타쿠 변이'가 동시에 활개 치는 세상, 끔찍하다.

2021. 5. 22.

성악설(性惡說)

인간의 본성이 원래 착한지(성선설), 악한지에 대해 마치 "닭이 먼저냐, 달걀이 먼저냐?"라는 것과 같은 부류로 생각을 하고 있는데 최근 어느 분을 만났더니 인간은 기본적으로 악하다고 한다. 나도 내 마음을 알기 쉽지 않은데 인간의 본성이 악한지, 선하지는 테스 형이나 맹자, 순자를 만나서 물어보고 공부해야 할 듯하다.

그런데 가만히 생각해보면 공룡 시대 원시인들이 그저 가진 것이 생존 본능과 종족 보존 본능만 있어 공룡을 죽이고 이웃 부락을 급습하여 닥치는 대로 사람을 죽이고 약탈했고, 우리가 흥미롭게 여기는 서구 로마의 시조 로물루스가 전사들의 아내가 부족하다는 이유로 이웃 사비니족을 쳐들어가 여인들을 납치했다는 전설은 기본적으로 인간 본성이 문제인가 하는 의구심을 갖게 한다.

본성에 대한 문제는 철학자에게 넘기고 오늘 생각하는 것은 인간이 만든 사회라는 제도에 의한 악함이 발생하는 것이 아닐까 생각해 본다.

사비니족 여인의 남편들을 마구 죽이고 여인들을 납치한 로물루스는 기본적으로 악한 것일까 하는 문제일 수 있다. 로물루스의 행위는 여인이 일차적 문제가 아니다. 로물루스에게 자신이 구축한 로마(당시의 작은 언덕의 마을 정도)에 전사들의 아내가 부족하다는 것은 인구의 부족을 뜻하고, 인구를 증가시키기 위해 여자를 더 구해와야 하는 절박감이 있었을 것이다.

지금으로서는 상상하기 힘들지만, 원시 시대에 사람을 죽이는 것은 도덕적 의식을 가질 필요가 없는 자신의 생존의 문제였던 것으로 봐야 한다.

사회의 발전과 함께 우리는 알게 모르게 사회법을 지키는 의무를 가지고 태어난다. 이러한 사회법은 완벽한 시스템이 아니라 누군가 이 시스템을 벗어나는 사람이 발생하게 되어 있다는 필연적 사실에 기반한다. 교통 법규를 만들면 실수든 고의든 교통 법규를 위반하는 사람이 나오기 마련이다. 인간의 법규는 반드시 인간이 허무는 것이다.

21세기로 접어들면서 인간이 만든 법규에 대해 부정할 생각이 없으나 누가 이 법규를 가장 우습게 생각하는가는 곱씹을 필요가 있다. 배고파 어쩔 수 없는 장발장이 있는가 하면 소위 사회 지도층의 교묘한 지능적 법 위반은 사회를 지키고자 하는 일반 대중의 분노를 일으킨다. 어찌 장관 임명을 하는 이 나라에는 위장 전입, 학위 논문 표절, 세금 미납 3종 세트에 안 걸리는 사람이 없는지 모르겠다.

그래서 그냥 인간은 원래 악한 놈이다. 맘 편히 '성악설'을 믿기로 했다.

2021. 5. 22.

중도의 승리

서울, 부산시장 보선補選 결과가 나왔다. 예견된 야당의 승리로 거대 여당의 아집과 독선에 대한 정권심판이라는 분석이 무난할 듯하다.

사실 한국 정치사政治史에서 정당명政黨名의 변천사는 조선왕조의 왕들 외우는 것과 비교가 안 된다. 결국 경상도 기원 보수당, 전라도 기원 진보당으로 분류하는 것이 무난하다. 아마 이런 기준은 군사 독재가 산업 근대화의 주역이었던 것에 관계가 있고, 산업화보다는 민주화 그리고 독재 타도의 진영이 형성되면서 자연스럽게 형성된 구도이기도 하다.

크게 두 부류의 정당이 작년에 전대미문의 코로나바이러스 때문에 'K-방역 잘하라'고 준 국민의 몰표를 아전인수我田引水격으로 해석했다. 시쳇말로 정권이 잘한 것이 아니라 정은경 덕분임에도 착각하고 그들은 180석을 받는 순간, 조국 딸 위조 스펙과 추미애 아들에 대한 당직병의 이야기도 무시하였다. 20대의 소리마저 경험이 없는 세대라고 무시하며 스스로 귀를 막았다. 그리고 마침내 자신의 절친 우군友軍으로 믿었던 시민단체가 제기한 'LH 땅 투기'에 대해서도 자신의 문제가 아닌 '적폐'로 몰았다. 아마 이게 무슨 '사랑제일교회'에서 발표했으면 '선거용 조작'이라고 강하게 뭉갰을지 모른다.

전셋값 잡겠다고 하던 국회의원이나 청와대 정책실장 자신의 임차인 전월세 인상은 한 편의 코미디다. 그저 눈물이 난다. 얼마나 평생 못 벌어먹고 소신 있게 낡은 가방 들고 다니며 검소하게 다녔기에 법을 만들면서 자신들은 예외라고(?) 하는가.

1년 전 소수 국민의 목소리를 반영하겠다고 비례 정당의 필요성을 강조하고 결국 자신이 위성정당(위선정당?)을 만들었다. 같이 놀던 정의당은 머저리가 되었다.

뽑은 위성정당 윤미향을 생각하면 할머니에게 죄송한 마음이 한없다. 국민 성금 착복하고, 할머니 없는 집 만들고, 자기 아버지를 고용해서 월급 주고, 급기야 엄중한 방역 시절 5인 이상 모여 자기 생일에 와인 먹으면서도 끝까지 할머니 생신 축하하는 자리라고 얼버무리는 역대급 사기꾼의 뻔뻔한 얼굴이다.

이러니 개인의 인권이 안중에 있나. 이번 선거가 전 시장의 '여성 성추행'에 있음에도 언제든지 무시, 조작할 수 있는 자신감이 생겼나 보다. '당헌, 당규'를 바로 고민 없이 고치고 피해자를 '피해고소인'으로 격하시켰다. 교통방송 진행자는 이것을 옹호하는 나팔수 역할을 충실히 해냈다. 할머니와 성피해자의 뒤에 누군가 조작을 했다고 한다.

이 친구는 국민을 장기의 졸卒로 아는지 15년 전 '생태탕' 모자의 증언으로 꿀맛을 보려다 똥맛을 봤다. 본질은 어디 가고, 마냥 놔두고 조작설 운운하면 김대업에 흥분하던 국민을 생각하는가 보다. 이런 선전, 선동은 1920년대 중국 공산당의 국공합작 전술과 전략을 연상시킨다. 적을 타도하기 위해서는 어떤 이중적 전략, 전술도 불사한다는 것이다.

몇 년 동안 주장한 검찰 개혁의 실체는 서민의 삶과

관련된 것이 아니라 그저 자신들의 장기 집권과 비행非行을 눈감아 줄 순둥이가 필요해서였다는 것을 국민이 알게 되었다. 교도소에서 코로나가 발생해도 마스크 하나 준비하지 않고 수감자들이 코로나로 죽어가도 책임지는 자가 없다. 검찰 개혁의 허울은 오직 자기들의 세상을 위한 시나리오의 한 부분임을 이제 국민이 보고 있다. 지난 몇 년간의 고단孤單한 작업으로 그냥 대통령 후보(?) 하나 만들어 준 전대미문의 희곡喜劇을 만들었다.

그렇다고 해서 이번 선거가 보수당의 승리임을 거부해야 한다. 지금의 보수당에 있는 대부분의 졸개들은 집권당이 행한 짓을 이전에 똑같이 한 졸개들일 뿐이다. 거칠게 말하면 이 도둑놈에서 저 도둑놈에게 준 것뿐일지 모른다. 국정농단의 일들이 이번 일로 사면赦免될 일이 아니기 때문이다.

이번 선거의 의미는 분명히 보수의 승리가 아닌 중도中道의 승리이다. 중도가 바로 국민이다. 이들은 이념, 지역, 세대의 틀에 닫혀있지 않고 오직 국민을 위한 것이 무엇인지를 보는 사람들이다. 그들은 언제든지 집권자들의 무능과 아집, 독선과 부정의 결탁을 더 이상 참지 않는다.

이번 선거에 이 중도 국민의 목소리가 표출된 것이다.

이세 내로남불, 내 편만을 위한 전략이 더 이상 무의미하다는 것을 입증했다. 국가 경영은 자기 편만을 위해 존재하는 것이 아니다. 전체를 보고 실수를 하면 실수에 대해 용서를 구하는 모습, 책임을 지는 모습을 보여야 한다.

그래서인지 서울시장 선거는 이제 끝났지만, 풀어야 할 일들이 해결된 것은 아니다.

하도 기가 막혀 몇 가지 적어야겠다. 1) 주사기 바늘 좋은 것을 개발했다고 백신은 없으면서 사진 찍는 이런 나라 있나. 백신 확보에 총력을 펴야 한다. 2) 이해 충돌 방지법(국회의원 포함) 얼른 통과시켜라. 12년간 미적거림은 더 이상 용서를 받을 수 없다. 너희들만은 예외라는 것이 적폐이다. 3) 선거를 위해 가덕도신공항에 엄청난 금액(최소 29조 원)을 투입하겠다는 것은 졸속이다. 정치적 진행이 아닌 경제적 효용 관점에서 신중하게 정밀 조사와 분석을 해야 한다. 4) 그리고 1가구 세대에 대한 보유세, 전문가에게 검토시켜 조속히 조정해야 한다.

2021. 4. 8.

정신 승리

젊은 시절 읽은 루쉰(魯迅)의 『아Q정전』의 주인공 '아큐'가 오늘 다시 태어난 듯하다. 이 소설의 주인공 '아큐'는 신해혁명 격변기 시절 동네 비렁뱅이로 동네에서 못된 짓을 하다 동네의 젊은이들에게 맞으면 그 화풀이를 연약한 여자와 아이에게 하면서 자신 특유의 자존심과 우월감을 가진 사람이었다. 혁명革命이 뭔지도 모르면서 혁명 완장을 차고 날뛰다 결국 사형을 당하게 된다는 내용이다.

작가 루쉰은 '아큐'를 통해 당시의 보잘것없는 중화사상에 찌든 '정신승리'만 외치는 중국의 모습을 비판한 것이다. 자만심과 허영심이 가득한 중국인들에게 당시 서구西歐 열강에 대해 그들이 얼마나 몽매蒙昧한 지를 '아큐'를 통해 잘 드러내고 있다.

요즘 중국 공산당 정부의 행동도 그때와 별반 차이가 없는 듯하다. 코로나바이러스 기원이 중국이 아니라고 우기고, 한편으로는 홍콩의 민주화를 탄압하고 신장 위구르족을 중국식 삼청대로 보내 사상 개조를 강제하고, 주변국을 겁박劫縛하고 우리에게도 태권도, 김치, 윤동주 등등 그리고 이제 한반도마저 원래 자기 것이라고 하는 것을 보면, 오늘 '아큐'의 화신의 부활이며 '정신 승리' 중국 병이 다시 도진 듯하다.

유아독존唯我獨尊식 중국의 '굴기屈起'와 '중국몽中國夢'은 전형적인 부패하고 폐쇄된 공산당 관료조직의 대표적 이데올로기로 느껴진다. 이들의 국가 운영이 엉망인 것은 중앙정부와 지방정부의 부채가 최근 거의 9,000조 원으로 늘어난 것을 통해 잘 설명해 준다. 필망必亡의 결론, 즉 '아큐'의 처형만 남아있는 꼴이다.

문제는 이게 어디 중국만의 일인가? 이곳에서 정치

하시는 분들도 '기본'을 잊고 오직 '정신 승리'를 내세우는 것 같다. 도대체 자신들이 하는 일은 다 선善인지 무슨 개혁, 개혁만 주장한다. 자신이 모르는 '아큐'가 완장을 차고 자신도 모르는 혁명을 외치는 것 같다. 이런 정신 승리의 행위들은 역사적으로 완결될 수 없다. 그 이유가 '정신 승리'만 있기 때문이다.

이번 'LH 땅 투기'의 문제 해법도 이전 정권의 '적폐'라고 한다. 자신의 무능無能은 보이지 않는다. 자신의 무능을 솔직히 인정하지 않고 소위 물타기식 '적폐' 청산, 즉 그들의 탓이라고 하는 이 용감한 '정신승리'만이 있을 뿐이다.

혁명군을 가장한 정치꾼의 모습은 가덕도 공항 건설에 대한 성급한 결정에서도 여실히 드러난다. 이전(前)

정권의 4대강 사업에 대한 비판이 왜 있는지 벌써 잊은 듯하다. 국민의 혈세血稅 28조 원이 어떤 경제적 실익實益 없이 그냥 날아갈 판이다. 선거 표를 얻기 위해 급조한 이번 발표는 정치적으로 지어진 양양 국제공항의 지속적 적자는 '새 발의 피'일 것 같은 느낌이다. 돈 먹는 하마, 정말 끔찍하다.

건강한 청년의 꿈을 고작 아파트 하나 갖도록 만들게 하는 정권, 그나마 그것마저도 불가능하게 만드는 한국의 '아큐'가 누구인지를 묻고 싶다. 자기들만의 민심은 없다.

2021. 3. 19.

군주민수(君舟民水)

오늘 출근길 양화대교 위에서 여의도 국회 방향의 시야가 유독 뿌옇게 보인다. '상식常識과 정의正義'라는 글귀가 오늘의 화두話頭이다. 국가의 법을 집행하는 검찰 총장의 입에서 나온 일갈一喝이니 더욱 심란하다.

백성이 뭔 힘이 있다고 대형 '반칙과 부정'을 하겠는가? 군주君主와 군주의 휘하 졸개들이 하는 권력의 어둠에서나 일어나는 것들이 문제 아닌가?

술주정이 특기인지라 술김에 택시 기사 때리고, 술김에 괜한 강남 엄마들 들먹이면서 "다들 20만 원짜리 가짜 스펙spec 조작하는데 뭐가 문제냐, 괜히 우리 형님 가지고 왜 이러냐고" 이런 분 때문에 엄한 포졸 몇 명 잡혀

들어갈 것 같다. 맨정신에 대놓고 "일개 총장이 감히 장관의 명命을 어기고" 하니 21세기에 16세기 군주君主도 만나는 세상이니 뭔 말이 필요할까.

탐욕과 꿀 같은 권력을 쫓는 나상裸像이 너무 들끓는 것 같다. 결국 어떤 장관은 명절에 받은 선물로 살아왔다는 불쌍한 분도 계시다. 군주의 졸개들은 한몫 챙기느라 대대로 물려받은 땅, 공공개발 명목으로 뺏고 시세 차익을 먹는다. 그것도 모르는 군주인지, 더 큰 것 먹으니 작은 것 먹는 졸개들 관심이 없다는 것인지 모르겠다.

500년 전 피렌체의 마키아벨리가 쓴 『군주론』에서 언급한 훌륭한 군주란 '장기 집권한 군주'를 의미하는 것이다. 이를 위해 '백성을 안도시키는 술책術策과 숙적宿敵에 대한 과감한 공격 그리고 양심 없는 거짓말'을 해야 한다고 말한다.

"국민과 눈높이를 맞추고, 보수와 진보의 갈등을 끝내며 야당을 국정운영의 동반자로서 대화를 정례화하고, 공정과 정의로운 세상을 만들겠다"는 말이 정형적

마키아벨리적 군주의 언사言事이다.

나라의 곳간의 비워지고 2020년 기준 국가 채무 비율이 44%로 급증하고 국가 신인도가 걱정되는 판에 군주는 인기를 위해 백성이 힘들어 낸 세금을 엄한 곳에 마구 쓴다. 경제는 엉망이고 졸개(官僚)조직만 비대해지고 있다. 그런데도 군주는 안심하라고만 한다.

한 때 '교회敎會'가 세상을 걱정했는데 요즘은 세상이 교회를 걱정하는 세대라고 한다. 더 나아가 '전도傳道의 시절'이라고 말한다고 한다. 세상이 교인에게 교회 다니지 말라고 전도하는 시절이라고 한다.

군주민수, 큰 풍랑으로 배를 뒤집은 지 얼마 되지 않는다. 백성이 군주를 걱정하는 시대, 백성이 군주를 전도해야 하는 시대가 아니길 오늘 기도한다.

2021. 3. 5.

울 엄마와 보부아르

정월 대보름, 달(月)은 '음陰'이라 하여 여성, 여신, 땅, 풍요로움을 상징하고, '부럼'을 깨고 오곡밥도 먹으면서 무병장수와 풍요를 기원하는 것에서 유래했다고 하는데, 내게는 그냥 어린 시절 쥐불놀이하던 날로 남아있다. 깡통 바닥에 구멍을 뚫고 철삿줄을 길게 연결한 다음, 통 안에는 산에서 주워온 나뭇조각을 넣어 불을 붙였다. 그걸 동네 애들과 마구 돌리면서 놀았던 기억이 있다. 어느덧 오곡밥을 볼 때 울 엄마가 한 번 더 그리워지는 날이 되었다.

울 엄마는 일제 강점기 삼일운동 직후 태어나 왜놈(倭)들 세상에서 겨우 해방이 되니 또 세상이 뒤집혀 피난 난리 통에 자식들 업고 한강을 건넌 억척스러운 엄마였다. 전쟁 후에도 변변한 것 없이 오직 애들 뒷바라지가 자신의 삶이었다. 한 여성女性으로 자신의 주체적 삶이 무엇인지 그 질문 자체가 사치인 양, 그냥 고생만 한 것이다. 우리 시대의 모든 울 엄마같이.

자신의 이름도 지워진 '개똥이 엄마'로 불리며 새벽부터 꽁꽁 언 물을 녹이며 아침밥을 시작으로 종일 일만 하시고 밭에서 진통 느껴 집에서 애 낳고 할머니가 "또 딸이네"라는 한마디에 무슨 죄인인 양 다시 밭에 나가 일을 했다.

이번 설날 연휴에 '보부아르의 일생'을 읽었는데 울 엄마와 보부아르가 비교되니 화가 난다. 보부아르는 울 엄마보다 조금 일찍 태어나 파리 명문 학교 철학과를 차석으로 졸업하고, 최연소 철학 교수 자격시험을 통과했으며, 실존주의 철학자 사르트르와 20세기 '세기의 연인'이며 동지였다. 일부 비판론자가 그녀를 토크니스트tokenist(상류 부유층 남성들과 어울려서 평범한 여자의 삶을 이해하지 못하는 여자)라고 하지만, 그녀의 철학적 사유의 근저根底에는 "여성은 만들어지는 것이 아니라 되는 것

(becoming)"이란 유명한 말을 남겼다. 1975년 프랑스의 여성 낙태 금지법을 반대해 결국 그 법을 부력화시키고 여성은 남성과 또 다른 고유한 주체主體로서 남성이 바라보는 대상對象이 아님을 정면으로 반박한 선구적 페미니스트feminist였다.

그녀의 저서 『제2의 성』, 『레 망다랭』은 가톨릭교회로부터 금서禁書가 될 정도이니 당대에 얼마나 충격적 작품인가를 상상할 수 있다.

그러니 울 엄마와 보부아르는 감히 비교할 대상이 아니다. 한 세상의 대표적 지식인과 평범 그 차제였던 울 엄마, 세상에 대한 자기 생각을 가감 없이 글과 행동으로 실천한 삶과 이 세상이 왜 이런지 모르던 울 엄마, 사르트르와의 계약 결혼과 동시에 솔직한 다자多者와의 사랑(여성과 남성 다 포함)을 한 지식층 여성과 오직 한 남편과 자식들이 전부인 양 그냥 고생만 하다 간 울 엄마가 왠지 억울한 삶을 산 것 같다.

그래도 울 엄마에게 위로를 드리면 오늘 오곡밥을 먹을 수 있는 내 실존의 기반을 주신 울 엄마이기에 나이 먹을수록 더욱 선명하게 각인되어 소중하게 내 마음에 자리를 잡고 있다.

21세기 봄, 한국의 서울과 부산의 시장市長 보궐 선거가 있다. 지금 표를 얻고자 무슨 아파트를 많이 만들고 공항을 하나 더 만든다고 난리다. 그런데 궁금하다. 권력적 남성에 의해 저질러진 여성에 대한 성폭력과 추행에 대한 자성의 목소리와 그에 합당한 법적 지위 향상에 대한 목소리는 전혀 들리지 않는다.

아직도 21세기의 우리가 딛고 있는 이 땅은 100년 전 보부아르의 시대보다 더 낙후된 듯 아직도 권력적 남성으로부터 희생을 지속해서 요구받는 새로운 울 엄마를 기다리는지 심히 우려된다.

2021. 2. 26.

부모 찬스

오늘 아침에도 언론에서 여지없이 '엄마 찬스'에 대해 뜨겁다. 가능한 정치 애기는 자제하려는데 조금 언급을 하려는 것은 내가 바로 그 자식이 다닌 군대를 다녀왔기 때문이다. 물론 그 당시와 지금의 상황이 어디 같을까 하는 마음도 들지만 군대 규정의 원칙은 시절과 상관없지 않을까 생각해서이다.

오늘 언론에서 언급한 "카투사의 복무규정은 미군 규정에 따른다"는 말은 너무 변명으로 일관된 유치함 때문이다. KATUSA(Korean Augmentation troops to US Army)라는 의미는 '미군을 지원해주는 한국군'이라는 뜻이다. 이들은 당연히 한국군이다. 미군 월급을 받는 용병傭兵이 아니라 한국 사병의 월급을 받으며 휴가와 병가에 대해서는 당연히 한국군의 규정을 따르는 자랑스러운 한국군이다. 제대하는 날짜도 한국군의 규정에 의해 계급 진급도 한국 육군의 규정에 따른 것이다.

젊은 시절 군대 생활은 누구나 쉽지 않다. 나름 편한 곳을 가려는 것이 보통 사람의 마음이며 편한 보직을 받으려고 하는 것은 단체조직 생활과 고된 육체적 훈련으로 인해 조금 덜 한 곳을 찾는 것은 인지상정人之常情 아닐까? 그런데 주한 미2사단은 최전방 동두천 주변에 배치된 주한미군의 유일한 전투사단이니 한국군 이상으로 훈련이 빡세다. 그러니 '카투사' 지원병에게는 이곳에 보직을 받는 것은 가장 힘들고 제일 재수 없는 자리라고 말할 수 있다.

내 개인적 추측은 자기 보직이 맘에 안 들고 당시 엄마가 당 대표이시니 엄마에게 울어대면 좀 편한 곳에 배정될 것으로 생각한 듯하다. 아들이 힘들다고 투덜거리며 '용산' 보내 달라, 그것도 안 되면 '평창 올림픽 통역'이라도 가서 몇 달 훈련도 않고 주위 눈치 안 보는 편한 생활하고 싶다고 졸랐던 것 아닐까?

엄마가 군대 보직 그것도 카투사 일에 대해 무엇을 알겠는가? 그러나 문제는 이런 아들의 모습에 단호히 거절하지 못한 것이 화근인 듯하다. "지금 너의 복무가 가장 자랑스럽다"라는 대답 대신 "그래 그거 뭐 그 정도 문제가 되겠나. 알아봐 줄게." 이것이 오늘날 야당의 공세로 이어질 줄. 오직 대답할 것이 없어 "소설 스토리 쓰시네"이지만 자신 스스로가 지금 '새로운 소설 스토리' 만들어야 하니 머리가 아플 것이다.

잘난 부모 밑에서 사고 치는 자식들이 어디 하나둘인가? 없는 스펙 만들었던, 그래서 지금도 법정 오가시는 분은 자기 자식이 고등학생 시절 영어 의학 논문 제1 저자로 올리고 우리 자식이 영어 조금 잘해서 그렇다고 둘러댄다. 대학에서 영어 통번역 전공하고 미국 유학 가서 통번역학과 대학원을 졸업하고 미국회사에 취직한 우리 딸은 영어 의학 논문 작성이 쉽지 않다고 하니 정말 성질이 난다.

이것은 무슨 정치 이념이나 정치 철학과 아무 상관이 없는 것이며 진보와 보수의 문제가 아닌, 그냥 '부모 찬스' 이야기다. 여기에 무슨 여야가 따로 있나? 지금 코로나19 때문에 하루하루를 걱정하는 많은 부모에게 이 '부모 찬스'는 속상할 뿐만 아니라, 딴 세상 이야기이며 자괴감에 빠지게 하는 것임을 명심해야 한다.

"자식아, 너 때문이지만 내가 물러나야겠다. 비록 너가 지금 힘들겠지만 너의 세상이 정말 공평公平하고 정의正義로운 사회가 되기 위해서는 지금 물러나야겠다. 미안하다 그 당시에 너를 더욱 냉정하게 대했어야 했는데. 이제부터는 스스로 잘 헤쳐나가라."

2020. 9. 9.

페르소나(Personae)

사람(Person)은 고대 아테네의 연극에서 사용된 '가면假面'(Personae) 명칭에서 기원한다. 기독교의 '삼위일체'의 개념에서 '본질은 하나이며 격이 3개'라는 것의 그 '격格'이 personae이다.

요즘 주말 지상파 방송의 '복면가왕'이 인기 있는 원인은 "아니 이 사람이 이렇게 노래를 잘해?"인가 싶다. 복면을 착용하면 어떤 선입견도 없이 단순하게 노래만으로 평가하게 된다. 그리고 평가 후 그 복면을 벗은 모습을 보면서 노래 평가와 "우리가 아는 저 사람이야?" 하고 자신이 기존에 생각한 인물과 다른 것에 놀라는 반향으로 흥미를 유발한다.

사실 인간의 본성本性에 대해 알기는 쉽지 않다. 이유는 우리는 사실 다양한 2개 이상의 가면을 가지고 사회 속의 그 상황에 맞는 맞춤형 가면을 자주 바꾸어 사용하기 때문이다. 그래서 평가되는 사람의 본질(自身, self), 즉 가면을 쓰지 않은 민얼굴 모습이 아닌 가면을 쓴 사람을 평가하기 때문이다.

중국의 전통 경극을 보면 무용수가 자신의 얼굴 색깔을 자유자재로 변화시키는데 그 배우의 얼굴을 평가하는 것과 비슷하다는 생각이 든다. 이러듯 우리가 삶 속에서 몇 가지 가면을 가지고 수시로 바꾸면서 사는 이

유를 독일의 분석 심리학자 카를 융Carl Gustav Jung은 "사회에서 요구하는 노덕과 의무에 대해 자신을 감추려는 이유" 때문이라고 하였다.

우리 주변에 흔히 보는 성격이 온순하고 차분한데 차를 운전하기만 하면 거칠게 몰고 상대 차에게 끊임없이 욕을 하는 경우를 볼 수 있는데 이것이 2개의 페르소나 모습이다.

이번에 불행한 서울시장 일에서도 최소 2가지 페르소나를 보고 충격이라고 한다. 우리가 평소 알던 시장市長으로 공적인 모습의 페르소나와 혼자일 때 자기 여비서를 대하던 다른 페르소나의 모습 말이다. 물론 또 다른 페르소나를 더 가지고 있을 수도 있다.

서울시장의 행동과 그의 죽음에 대해 아직 마무리된 것은 아니다. 혹자는 죽음으로 모든 대답을 했다고 말하기도 하고 또는 죽더라도 죽기 전에 피해자에게 선 사과를 하는 용기를 보여주지 못한 것에 아쉬움을 표하는 분들도 있다.

지금 판단으로는 분명 그의 공功과 실失이 존재하고

하나의 공이 다른 실을 덮을 수 없다는 것이다. 우리는 삶 속에서 가능하면 실을 줄이는 노력, 즉 실수할 페르소나(가면)를 없애는 노력을 반면교사反面教師로 삼아야 한다.

'인면수심人面獸心', '다중성격장애'(Multiple personality disorder), '사이코패스Psychopathy' 이러한 것들은 인간이 가진 부정적 가면들의 실체적 표현이다.

세상이 각박할수록 부정한 가면 속에 자신을 감추는 것보다는 좀 더 이웃에 따스하게 생얼굴을 보여주던 1세기 예수의 얼굴 가면으로 감싸는 세상을 그려본다.

2020. 7. 24.

포스트모더니즘(Postmodernism)

포스트모더니즘의 시대라는 말은 어디서 한 번은 들어봤을 것이다. post+Modernism. 합성어로 굳이 번역하면 후기모더니즘이 되겠다. 참 어색하다. 현대 이후의 무슨 '주의主義'(ism)일까?

지금(modern)의 시대는 '이성'의 시대라 불린다. 이성은 만물의 척도라고 말하는 것이다.

그러나 '이성'이 기준이 아니던 시절, 서구 고대의 철학자들은 주체인 자기(self)보다는 대상(객체)에 관해 관심을 가졌다. 그 근원이자 원천을 '불, 공기, 물, 땅' 이런 것들로 생각했던 것 같다. 그 유명한 아리스토텔레스도

'사과가 땅에 떨어지는 이유'는 "사물(사과)이 근원(땅)으로 돌아가는 것"으로 생각했다고 한다.

"우주의 근원根源이 무엇인가"는 신神의 존재와 신에 대한 성찰省察에 대한 관심이고 중세 기독교 세계를 지탱하는 원동력이었다. 당연히 '사과가 땅에 떨어지는 것'은 하나님의 섭리攝理로 받아들였다.

계몽의 시대인 18세기부터는 대상보다 주체인 자기(self)에 관한 것으로 인식의 전환轉換이 이뤄졌다. 서구 철학자들은 내가 누구인지, 실체인 나의 모습을 성찰할 수 있는 이성적 근거가 무엇인지 찾으면서 합리적 사유와 과학의 시대를 열었다. '만유인력의 법칙'은 이성의 작품이다. '사과가 땅에 떨어지는 것'은 하나님의 섭리가 아니며 땅의 근원으로 돌아가는 것도 아니다. 그냥 중력에 의해 떨어지는 것임을 증명하였다.

현대의 이성 만능주의에 대한 회의적 입장도 있다. 심리학, 정신분석학은 우리의 인식 오류가 잠재적 무의식에서 일으키는 오류라고 말한다. 또한 우리가 사용하는 언어가 이미 합리적 판단(이성적 판단)을 하지 못하게 경직화시키고 속쇄를 채웠다는 의견이 있다. 이것이 포스트모더니즘postmodernism이다. 언어로 표출되는 것은 자칫 대립적 구도를 가지게 된다는 것이다.

중앙을 강조하면 변두리의 아픔은 마치 서울 강남을 강조하면 상대적으로 강북의 서러움으로 나타나는 것이다. 그러니 하나의 중심보다는 다원적 개념의 사고 그리고 이성적이라는 가면(僞裝)을 벗기고 탈이성적脫理性的 사고를 지향指向해야 한다고 말한다.

이러한 말과 글이 우리 인식을 왜곡시키고 있다는 말이다. 이성적이라 생각하는 것이 사실 이성적이지 않다는 것이다. 마이클 샌델의 『정의正義(Justice)가 무엇인가』에서도 독자는 이 책을 읽고 '정의'라는 것을 이해하려고 했지만 사실 저자는 답을 주지 않으면서 '정의'의 개념이 얼마나 상대적인가를 고민하게 한다. 그리고 우리가 이미 가진 인식 속의 '정의'를 부정하는 것이 저자가 주는 강력한 메시지였다.

4월 15일은 21대 국회의원 선거일이다. 지금 길거리에는 화려한 언어의 장마당이 섰다.

모 정당의 플래카드를 보니 '18세 이상 1억 원 지급'이라 쓰여 있던데, 받으면 얼마나 좋으랴. 정말 찍고 싶다.

세상에 쉽게 구별이 되지 않은 무수한 말장난이 난무하고 우리의 합리적 인식과 판단을 가로막고 있다. 어쩌면 우리는 4월 15일에 다시 한번 언어의 장난에 속을 준비를 하고 있어야 할지도 모른다.

하여튼 4월 15일 최선을 다합시다.

2020. 4. 8.

"강남 사모님"

요즘 장안의 화제는 진보 진영에서는 가시 같은 존재로 엉클어진 보수의 대변인 같은 전 동양대학교 진중권 교수의 필력이 아닐까 생각이 든다.

개인적으로 진 교수 집안에 대해 조금 아는데 아버지가 강서 지역에서 목사를 했고 자식들은 거의 예술 분야 일을 하고 있다. 그중 독일에서 활동하고 있는 진은숙 씨는 세계적인 작곡가로 진 교수의 누이이자 내가 조금 아는 친구이기도 하다. 1980년 대학휴교령 시절, 다방에서 이 친구와 커피 한잔하며 세상에 대해 이야기를 나누곤 했는데 야무진 얼굴이 지금 진 교수를 통해 다시 추억으로 떠오른다. 그 당시 서울대를 다니다가 독일에서 전액 장학금을 받아 유학 갔고, 후에 세계적인 작곡가가 되었다는 소식을 듣게 되었다. 진 교수가 이 친구 동생이라는 사실을 알고 일면 놀라기도 했고 고개가 끄덕여지기도 했다.

얼마 전 유럽에 갔을 때 만난 한 독일 교민이 작곡가 진은숙 씨를 우연히 식당에서 만나 합석하고 저녁 식사를 함께하였는데 그의 소탈한 모습이 굉장히 인상적이었다고 한다. 유명해졌으면 잘난 척할 수도 있었을 텐데 옛날 그 모습에 변함이 없구나 하는 생각에 반가웠다. 이런 소탈함은 서민적인 집안의 가풍에서 왔을 것이고, 막내아들인 진 교수도 이 영향을 받은 것 아닐까 짐작해본다. 이런 배경을 가진 그가 영화 〈기생충〉에서나 나올 법한 '표창장 위조'와 물불 가리지 않고 '편법 자산 증식'에 목맨 그의 절친이었던 부부에게 큰 배신감을 느낀 것은 어쩌면 당연한 일이 아닐까?

요즘 미세먼지와 코로나바이러스로 세상이 어지러운 가운데 진 교수의 글을 통해 막힌 속이 뻥 뚫리는 느낌을 받지만, 한편으로는 진보의 가치가 무엇인가를 생각해 보는 계기가 된다. 배가 부르면 게을러지고 현실에 안주하고 변화를 싫어하는 게 보수이고, 자기의 생각이 옳다고 남의 말은 1도 듣지 않는 것이 진보, 이게 나에게 각인된 그들에 대한 인식이다.

그냥 간단히 '보수는 부패, 진보는 골통'이다. 그런데 이 '골통'들에게 던지는 진 교수의 직선적인 글들은 성실한 목사 아버지로부터 물려받은 성실한 삶의 반영이 아닐까 생각해 본다.

오늘 강남 어느 대형교회의 성가대 독창 '거룩한 성城'을 들으면서도 감동을 느끼지 못하는 이유는 예배당에 모인 성도 중 누군가 '편법적 학력 위조와 불법적 재산 증식'으로 만족하고 예배당을 찾아 감사 기도를 드리는 사람이 있지 않을까 하는 생각 때문일지도 모르겠다. 정말 나의 기우杞憂이기를….

2020. 2. 2.

선유도(仙遊島) 단상

오늘은 2020년 1월 마지막 날이다. 아침 출근 전 미국 대통령 탄핵(impeachment)에 대한 상원의 청문회 과정을 보면서 갑자기 아담과 하와의 사과(果實)가 떠올랐다.

성서 창세기 3장은 아담과 하와가 "동산의 나무 열매를 먹지 말라"는 하나님 말씀을 어기고 타락하여 원죄(죽음)를 가지게 되었다는 내용이다.

그 열매가 사과이며, 이 행위를 하게 유혹한 뱀(사탄)은 악의 화신으로 굳어졌고 유명한 미켈란젤로의 시스티나 성당 천장화 '천지창조'에서 여자 머리를 한 뱀으로 묘사된다. 기독교 인문주의자 존 밀튼 『실락원』은 성

서에서 못다 한 내용을 아주 잘 그리고 있다.

그런데 TV로 미국 대통령 청문회를 보면서 차분하게 진행되는 것이 의외였는지 갑자기 하와의 '사과'가 오버랩overlap되었다. 우리 정치만이 아니라 주변의 모습을 보면 요즘 광화문과 여의도에서 일어나는 모습과 별반 다르지 않은 것 같기도 하다.

본인은 죄가 없다고 한다. 그리고 상대방은 오직 타도의 대상이다. 내가 한 짓은 그놈들 때문이라고 한다. 더 한 발자국 나가 광화문에서 목사라는 분은 "하나님도 내 앞에서 벌벌 떤다", "내가 성령이다"라고 하니 기가 막힌다. 자기가 하나님보다 더 높다고 하니 이단異端으로 치리治理를 해도 시원치 않다. "과정은 공정하고, 결과는 정의로울 것이다." 어찌 '검찰 총장'이 할 말을 거꾸로 검찰 총장에게 들이대고 후안무치厚顔無恥 정권의 식솔들은 '검사 권력'이 문제라고 흔들어 대는데 정말 누가 권력을 가지고 있는 것인지 모르겠다.

이제 그 혼란스러움의 원인을 알게 되었다. 바로 우리가 먹은 사과가 어떤 사과인지 알게 되었기 때문이다. 바로 그 사과에는 원죄가 들어있는 것이 아니라 '상대에 대한 비이성적 타도, 완악함'으로 가득 차 있었던 것을 그리고 그것이 유독 이 땅에 '코로나바이러스'와 같이 심어져 있었다는 것을.

우리는 상대를 존중하고 대화하는 것보다 자신과 생각과 다르면 무조건 머리띠 둘러매고 단식하는 것이 일상이 되도록 감염(infection)되었다.

오늘도 하나님보다 더 하나님 같으신 분과 뻔뻔한 인간들이 화면을 가득 메우는 날, 2020년 1월 31일 오늘 '코로나바이러스' 때문에 머리가 아픈 것인지 아니면 상대를 인정하지 않는 완고한 인간들 때문에 머리가 아픈 것인지.

이제야 사과의 실체가 무엇인지 이해가 되어 그나마 하나님에게 감사 기도를 드린다.

2020. 1. 31.